通膨求生

在通膨亂世中配置你的現金、股票、房地產

韓國最懂聯準會的財經專家

吳建泳 오건영 —— 著

黃子玲、陳思瑋、蔡佩君 —— 譯

인플레이션에서 살아남기

CONTENTS

PART 1　高物價、低薪資，「經濟」如何影響你的人生？

吳師自通 實力再強，表現也會受到環境影響 ｜ 環境不利，選手再優秀也難有好表現 ｜ 下一個風口在哪？從總體經濟搶先看風向 ｜ 當升息成為新常態，投資如何布局？ ｜ 升息除了影響貸款、定存還會影響什麼？ ｜ 升息打破「債券很安全」的神話 ｜ 收租穩賺不賠？當心升息吃掉你的報酬率 ｜ 升息再升息，存股行不行？ ｜ 用本益比重新檢視，打造最賺錢的資產配置 ｜ 熱錢去哪兒？成長股也失色 ｜ 40 年一遇的通膨大逆襲來了

PART 2　強勢回歸的通膨時代

吳師自通 正常 VS 不正常 ｜ 通貨膨脹成為新常態？ ｜ 抑制物價上漲最有效的手段：升息

專業讀者好評推薦

觀察市場脈絡，重新調整投資組合的最佳時刻

2020 年 3 月，在全球股價暴跌的同時，我看著經濟 YT 頻道「3 PRO TV：與經濟之神同行」的訂閱人數爆炸成長，深切感受到廣大觀眾群正熱切尋找能一起克服困境的避風港。在新冠肺炎（COVID-19）疫情之下，各國政府推行的貨幣政策，以及遭遇到的種種政治問題，令全球經濟態勢趨於混沌，造成廣大投資群眾的恐慌與不安。我渴望能為這些投資人帶來一點幫助，而我們現在最迫切需要的就是能深入淺出解說市場的專家，為大家解讀愈來愈複雜且難以理解的金融市場現況。

這就是為什麼我們會經常邀請吳建泳副處長上節目的原因。吳建泳可謂是「韓國最理解聯準會的分析師」，是韓國談及美國經濟策略、預測聯準會動向時，最能掌握局勢變化，同時也最具深厚洞察力的分析專家，只要市場出現變動時他就會出現，透過他的洞察力和慧眼，毫不保留地告訴我們經濟會何去何從，以及聯準會的基準會如何改變。正如一句老話：「錐處囊中，其末立見」，當股市浮動愈來愈頻

繁時，吳建泳副處長的存在感藏也藏不住，深受許多觀眾喜愛。

吳建泳副處長在早前出版的著作——《財富的情境》（부의 시나리오）中，將投資市場分成四個象限，告訴我們時下經濟落在哪個位置。而在這次出版的《通膨求生》一書中，他更是再往前進了一步，詳盡說明目前的經濟狀況正從哪一個象限移動到另一個象限。讀者可以在跟隨本書掌握市場動脈之餘，配合未來情境分配資產，置換更合理的投資組合，在經歷這些操作過程以後，相信讀者也能體會到自己觀察經濟的眼界將更上一層樓。我和吳建泳副處長所冀望的事很簡單，就是希望能幫助讀者累積內功，提升市場判斷力，進而對自己的投資策略產生信心，並在日後能夠藉此建立最適合個人且清晰的投資戰略。

世界上流通的現金相當可觀，資產價格上升的趨勢似乎不會輕易停滯，如果真心想「從通膨中活下來」，我們就必須要建立透過投資來為資產增值的積極觀念。希望各位透過這本書累積基礎能力的同時，不要輕易滿足，在此停下步伐，在看完這本書之後還能再往前多走一步就更好了；不要在觀望總體經濟、挖掘出機會之後就止步不前，而是能再做更細膩的調查，機敏地面對眼前的景況。希望這個渾沌的時節對各位來說不是生死存亡的時刻，而是將各位培養成最終勝利者的成長階段。

—— 另類金融經濟研究所所長　金東煥

• • •

在最混亂時刻帶你搶先布局的頂尖專家

世界經濟再次進入通膨時代，美國聯準會頻頻升息。在這個混亂的狀況下，就在讀者最茫然的瞬間，這本書出現的正是時候，真讓人開心。最重要的是，這本書引用了許多新聞內容並加以解說，讀完這本書後，讀者再看到相關報導，就能擁有判斷市場的基礎識別能力，並練就出獨到的投資慧眼。

這本書的精髓是作者提出的「投資情境分析模板」，用成長和物價當變數，分別說明四種經濟環境，並針對每個象限深入淺出地說明每種不同資產的優勢與劣勢。當我把這個分析模板刻印在腦海中，再重新閱讀一次本書，就發現這些概念在我的腦海裡已經有清晰的構圖，更能有組織地掌握不同象限的投資法。而分散資產群組和外匯的概念，也打破了我過去以本國貨幣為中心的投資配置，拓展了我的視野。

不僅是 2022 年而已，感覺這本書在未來也會繼續成為我能拿來充分運用的武器，讀來心裡很踏實。如果你也擔心現在的高物價現象會持續下去，我很推薦讀一讀作者所提出的情境。這本書裡所涵蓋的過往案例很貼近現實，非常有說服力。

—— 資深分析師　南宮潤

．　．　．

從高中生到社會人士，
最有效率建立基礎經濟學知識的第一本書

　　從開發國、高中教材的立場來說，這本書剛好符合高中生能理解的程度，很適合推薦給青少年閱讀，幫助他們建立經濟學的基礎知識。書中出現較艱深的內容時，作者會舉出和現實生活相關的例子，例如「Covid-19 紓困金」等案例，方便讓人理解，而用語的解釋也很淺顯易懂，讀起來就像在讀小說一樣輕鬆。在讀這本書的過程中，我一次也沒有另外搜尋書中提到的概念，感覺更能沉浸在書裡。

　　這本書的魅力在於，以最新的資料與市場動態為主軸，進一步連接到政治、社會相關領域。如果你也很好奇通膨到底是什麼、想了解通膨的歷史和背景，又想看一本書就能掌握相關知識，那你一定不能錯過這本書。這本書一一解讀讀者會好奇的經濟現象與相關的影響。我在讀這本書的同時，也發現書中許多觀點都令我再次思考應該如何運用在我的投資組合中。

——前 MBC 新聞台主播　鄭惠靜

・　・　・

混亂的市場中難能可貴的光明指引

在讀完本書最後一章時，我心裡最深的感受是平靜和安慰。雖然讀經濟相關的書有這樣的感受應該很奇怪，但在現在這種超通膨的局勢下，作者所傳達的訊息讓我們這種深陷在年薪困境中的小散戶獲得了新希望。即便私人企業和產業都各有其興盛衰敗，但總體經濟總有一天會跨越現在的危機，迎來更可觀的成長。

雖然最近很常看到談論通膨現象不太正常的新聞，但我一直覺得「唉呀，物價本來就是起起伏伏，現在只是剛好輪到漲價的時刻」，直到讀了本書後，我才終於了解現在的通膨現象是 40 年來第一次發生的大型通膨，讀完這本書也讓我找到如何面對通膨的答案。

——韓國半導體產業分析師　黃敏成

前言

懂一點經濟，長通膨中求生更容易

• • •

我經常這麼想，儘管自己沒有過人的才學和文筆，但多虧了身邊許多人不斷鞭策和激勵，才有幸持續出書，分享我的想法。我對他們充滿感激，更希望帶著這份力量並結合我的專業知識，以幫助更多的人能安然度過市場前所未有的混亂時刻，這就是我寫這本書的初衷。

我的第一本書《未來三年經濟戰爭的未來》（앞으로 3년 경제전쟁의 미래）討論了金融市場的主要危機局勢，探討了匯率和利率會帶來什麼樣的影響；第二本書《財富大移動》（부의 대이동）則是分享了幾種方法來運用黃金和美元等安全與替代資產，用以減輕在瞬息萬變的總體環境下，我們將面臨的投資風險；在第三本書《財富的情境》中，我則用四種情境為基礎，與讀者分享投資心態的必要性。在過去出版的書中，我不斷嘗試串起總體經濟發展與投資的連結。

在考慮了許久之後，我決定試著在這本書中用大眾容易理解的方式，探討 2022 年令許多人飽受衝擊、感受至深的「通膨」這個經濟環境的變化。本書將從概念出發，談及通膨引發問題的原因，並且納

入通膨未來的展望，從實際投資的觀點來提供建議，討論我們需要採取什麼樣的應變方式。而在內容之外，我也努力提升本書的易讀性，保留了上一本書廣受好評的幾個特色：包含口語書寫、在每個圖表下方都附上詳細的說明，同時也引用真實的新聞報導內容，並為艱深又生硬的經濟相關內容配上插畫，讓讀者更容易閱讀。另外考量到全書的章節走向可能不是那麼直覺，我也在每個章節前配上「吳師自通」的漫畫，幫助讀者輕鬆掌握該章節的重點。

通膨的盡頭在哪？用經濟學的視角來理解時下現象

這本書是這樣構成的：首先在 PART1「高物價、低薪資，『經濟』如何影響你的人生」中，我們會介紹為什麼投資時要顧及總體經濟，從剖析其中的重要性來展開全書；接著，在 PART2「強勢回歸的通膨時代」裡，將討論總體經濟變化中的通膨現象，介紹其定義和它如何廣泛地影響我們的生活。當然過去也很重要，但判斷未來會如何流轉應該更不容小覷，對吧？所以當我們把造成通膨的原因一個一個解釋清楚後，就會發現，目前的狀況應該不至於發展成 1970 年代那般長期且規模巨大的通膨，這本書也試著涵蓋了相對樂觀的展望；最後在 PART3「挺過大通膨時代」中，則會和大家討論在假定了現今通膨的演變趨勢下，我們應該如何自處。

在寫作前三本著作的過程中，我有幸獲得許多回饋，其中有讓我體悟到自己不足之處的建言，以及往後著書方向的建議，也有針對書

中內容做出的評價……其中包含許多真知灼見，每句言語都讓我謹記在心。而其中更有一個意義深刻的回饋讓我覺得「寫書真是太好了！」——經濟相關的書原本就很生硬艱澀，要把一本書好好讀完真不簡單，那個評論卻很感謝我，說他第一次把經濟類型的書讀完了。

我不是經濟學背景出身，在我剛準備學習經濟，開始讀相關書籍的時候，大部分的內容都讓我覺得困難，連讀經濟相關的新聞都覺得內容很生疏，甚至要看好幾遍才能理解那些已經刻意寫得很簡單易懂的書。那時我就想：「如果有人特別為非經濟學專業的人寫一本讀來很輕鬆的經濟學書就好了」、「即使不納入艱澀的概念，只要能夠幫助讀者用經濟學視角理解時下現象，那就很不錯了！」因為我自己也是一點一滴、費盡煎熬才學會，所以很了解經濟學裡哪些部分或哪些邏輯是最難讓人理解的，我一路以來持續努力著，想秉持著這份對初學者的理解，寫出能讓讀者輕易閱讀的書，未來也計畫一直這麼寫下去。

在 2019 年的夏天寫第一本書時，我還有很多不足之處，當時根本沒辦法想像自己能出第四本書，而我之所以能如此幸運，都要歸功於許多人對我的指導，我將會用更謙遜的態度，背負起更重大的責任心、更用心學習，盡我最大努力一點一滴回報所有幫助過我的人。

我想向所有在這本書寫作過程中，毫不保留激勵我、指導我的人致上最誠摯的感謝。首先要深深地謝謝為我添加助力的 49,000 名臉友，以及 4 萬名 Naver Café 會員，多虧這些讀者存在，我才能獲得力量，持續努力學習；另外也很感謝總是積極鼓勵我、為我加油的新韓

銀行前後輩與同事們，以及為了打造更好的書，總是盡心盡力的 Page 2 Books 出版社相關人士。

另外在此我也想向總是替我加油的母親、大哥和岳父、岳母，以及在我為了寫書專心用功，不能陪伴左右時，總是默默照顧著我的妻子以及孩子們致上最深的感恩和歉意。最後也想感謝在天上聽到我出書的消息應該會最開心的父親，孩子長得愈大，我就愈能理解您的心情。

正因我獲得許多人的體諒和幫助，總覺得若要回報大家的恩惠，就是要持續努力學習和用心分析，在這樣艱困的金融市場環境中，持續提供能夠稍稍幫助到大家的內容。我答應大家，未來我也不會忘記這樣的心情，繼續出版讓大家能夠讀完的經濟科普書。時隔兩年後，大家終於能在戶外脫下口罩，從事線下活動了，也許說來還有點為時過早，但我內心迫切地希望新冠疫情這種令人煩悶的狀況能夠早一點停歇，能有更多機會和各位交流。

高物價、低薪資，
「經濟」如何影響你的人生？

第 1 章

順勢賺更多,懂一點
總經帶你看懂風向

| 實力再強，表現也會受到環境影響 |

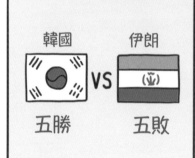

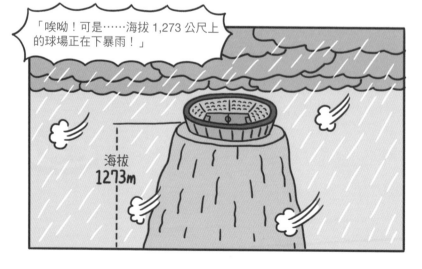

與其一開始就講很難的內容，不如從最基礎、也是最多人感到疑惑的問題出發：「了解總經濟體學（macroeconomics）對投資有幫助嗎？」

　這裡所說的「投資」大部分指的都是股市投資，畢竟一般投資人要熟悉債券和外匯投資應該不是那麼容易對不對？當然隨著指數股票型基金（Exchange Traded Fund, ETF）登場以及債券型基金普及，一般投資人也能透過基金這種金融商品，來投資股市以外的金融商品。一般我們提到投資時，最先想到的還是股市，股票也是最普及的金融商品。所以我們應該怎麼修正剛剛的問題？

　「理解總體經濟對投資股市有幫助嗎？」

　在股票投資中最重要的就是對企業的分析，雖然我不是專精股市的投資專家，但也曾和許多股票投資專家深度交流，在觀察整個股市的脈動之後就會發現：我們絕對無法否認分析企業的實際績效就是股市操盤的核心。但我還是認為「企業績效是股票投資的關鍵要素」和「總體分析對投資股市絕對沒幫助」是兩件全然不同的事。為什麼我會這麼想？我用個簡單的例子來說明。

環境不利，選手再優秀也難有好表現

　　現在韓國足球國家隊將出戰伊朗，假設是世界盃足球賽的預賽，而說到兩隊之中誰會獲勝，實際上兩隊的條件並沒有太大的差異，但客觀來看，從戰略、選手的組成，以及戰略戰術等條件來看，我會預期韓國比較有優勢，因為無論是每一位韓國選手的能力和團隊合作表現、總教練的戰術消化能力，以及歷史戰績等資訊，在在都顯示韓國隊稍微領先伊朗，所以當然會預測：「這次世界盃足球賽韓國隊的勝率很高」。

　　然而，這時候出現了一位分析員，他不是對每位選手做個別分析，反而在觀察了球場當天的狀態等條件後，突然說了這樣的話：「這場比賽是伊朗主場，對韓國隊來說因為是遠征到客場比賽，該球場位在海拔 1,273 公尺高的高地，對沒有太多高地戰經驗的韓國隊來說，應該會是場相當辛苦的比賽！而且聽說韓國隊的飛機行程沒有配合好，比賽開始的兩小時前才飛到當地；球場的草坪狀況也非常差，大雨一直下，地面也很滑；更別說現場還有十萬多名伊朗球迷觀戰了，球迷一定會很熱情地幫伊朗球隊加油；最關鍵的是……伊朗曾在過去20 年間寫下主場不敗的神話紀錄！」

　　好了，現在讓我再把同樣的問題丟出來吧：韓國隊會贏過伊朗隊嗎？

　　這樣看下來，預測韓國對戰伊朗孰勝孰敗就變得相當困難了，雖然從客觀的戰略面來看，韓國比較有優勢，但難免受到不利的環境影

響？也許還是有些人會繼續堅持一開始的預測，認為韓國隊會贏，但應該也會有人改變對勝負的想法。

贏得了嗎？

總體分析

壞天氣

支持伊朗隊的十萬球迷

主場勝率↑

海拔 1,273 公尺

　　我先設想有一個專門分析足球球賽的專家，這位專家對每位選手如數家珍，從選手的個人背景、優缺點，到和其他國家選手之間的比較都很熟悉，甚至還擅長精密的戰術分析，當然這位專家的分析結果占有壓倒性的比重，但如果到了客場比賽，聽聽專門分析當地球場天氣、球場狀態的其他專家怎麼說，相信定能更全面地掌握局勢。

　　是的，其實分析總體經濟就是為了掌握環境變化，即使個別企業持續貢獻良好的績效，我們還是得聽聽總體分析的意見，因為在投資時，了解企業在哪種環境下營運是很重要的基本功。

　　現在我們從其他方向來看看怎麼樣？想像一下魚缸裡有好幾條魚，而正在讀這段文字的你可以把自己想成準備投資給其中一條魚的

投資者。回想我小時候養熱帶魚的經驗，比起個頭小又漂亮的魚，我更喜歡體型大、動作快、看起來很敏捷的魚，特別是如果魚缸裡剛好有長得有點像鯊魚的魚，我就會對那隻魚特別感興趣。現在就讓我們把這些個頭大、看起來強壯的魚叫蘋果（Apple）、亞馬遜（Amazon）、Alphabet（Google 的母公司）、微軟（Microsoft）、輝達（Nvidia）……一般來說，無論水質多惡劣，這些大魚應該都能好好活下去，因為這些大魚的體質都很不錯！

但是突然有件意想不到的大事發生了——魚缸破掉了！魚缸裡的水一股腦的從魚缸裡湧出來，水位也愈來愈低，那魚群的投資者現在該觀察什麼呢？客觀來說，蘋果（Apple）和亞馬遜（Amazon）這兩隻魚應該比其他魚都還要強壯，但究竟在水位遽降的狀況下，我們真的還能放心地對牠們不管不顧，這兩條魚還能活下去嗎？我想若是水漏光了，無論哪種魚都很難活下去。

下一個風口在哪？從總體經濟搶先看風向

正如同魚缸這個案例，當總體經濟面臨天翻地覆的危機狀況，用比較難懂的話說，就是當金融系統被點燃危機大火時，即使是績效良好、體質強健的企業，也都將陷入苦戰。

先讓我們回想一下新冠病毒全面衝擊全球金融市場的 2020 年 3 月吧。當時不僅是新興市場（Emerging）國家受到衝擊，就連擁有眾多偉大企業陣容的美國股市也頻頻暴跌。先來看一下圖 1。

這時候主要大企業的股價果然也和其他普通的企業一樣，動輒出現兩位數的跌幅，真可以說是一段黯淡時刻。我從 2004 年開始分析金融市場至今，過去還有另一段同樣讓我印象深刻的時期——沒錯，就是 2008 年全球金融危機。

2004 年至 2007 年期間我剛開始從事市場分析，全球金融市場可以說是風平浪靜，市場一片榮景，當時次級房貸（subprime mortgages）和以此為基礎的金融衍生產品很受歡迎，美國的投資銀行股市顯現出很好的盤勢，也因為和美國相比，新興市場的成長更顯亮眼，所以新興市場的股市成果也可以稱得上是壓倒性的領先，那時自然也可以觀察到一般民眾對新興市場的投資也開始產生興趣。然而在全球金融危機的浪濤前面，不管是多厲害的企業、多強盛的國家都沒辦法脫身（圖 2）。

我相信許多人看完這張圖表（圖 2）後可能都倒抽了一口氣，當時因為金融危機導致金融市場崩潰，我切切實實地多方觀察總體經濟

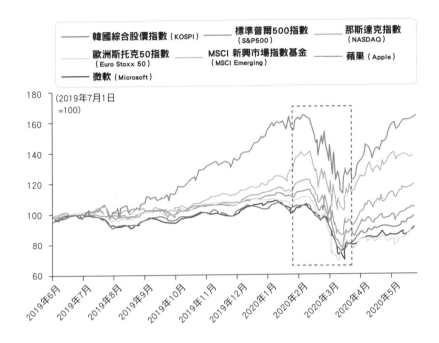

圖1 · 新冠疫情前後主要指數與企業股價走勢

這是一張將 2019 年 7 月 1 日的全球主要指數當日股價設為 100 之後，再加以換算的股價走勢圖。我們可以從這張圖得知，當時圖上的國家和企業，股價都如同紅色虛線框框圈起來的部分，呈現出暴跌的趨勢。可見新冠肺炎所引發的巨浪連蘋果、微軟等大廠都無一倖免。

的脈動，看到各國政府與中央銀行為了力挽狂瀾、扭轉總體經濟所祭出的各種政策，當時的景況至今都還歷歷在目。我總覺得，觀察總體經濟就好像在考慮投資魚缸裡的哪條魚，總會順便反問一下自己：「魚缸應該不會滲水吧？」隨時確認魚缸的狀態。

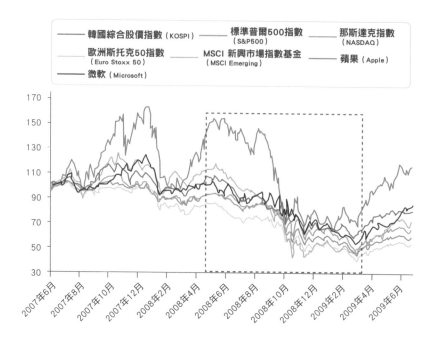

圖 2 · 2008 全球金融危機時主要指數與企業股價走勢

這是一張將 2007 年 6 月 29 日的全球主要指數當日股價設為 100 後，再加以換算的股價走勢圖。在圖表上紅色虛線框所圈起來的時期（2008 年 5 月～2009 年 3 月），股市經歷了相當大的跌幅，這個跌幅比新冠疫情的影響來得更猛烈，也持續更久。

　　總體分析這個概念，其實並不限於說明極端現象。不知道以下這兩個譬喻能不能讓大家更理解，為什麼我們需要看總體經濟：「風向變了」或「凜冬將至」（Winter is coming）──總體（Macro）這個概念改變著環繞投資周遭的種種環境，這代表著或許根據這些變化，過去投資的模式也有可能跟著改變。

當升息成為新常態，投資如何布局？

再舉一個更具體的例子吧？讓我們來談談利率。自 2021 年下半年開始，韓國銀行又開始調高基準利率，然而不僅是韓國銀行做出了這樣的決定，巴西、墨西哥、俄國、英國、匈牙利、捷克等國也加入了這一波的升息。而就在我編寫這本書的同時，也就是 2022 年的 2 月，美國也為了因應強勁的通膨（Inflation）壓力而準備調高基準利率。

中央銀行會調節基準利率的升降，而這個由中央銀行不定期調整的基準利率是一種超短期利率，基本上我們在日常生活中幾乎不可能接觸到。那為什麼中央銀行要調整基準利率呢？實際上基準利率的起起落落，會影響到我們生活中所碰到的「市場利率」。要知道，韓國（中央）銀行調高基準利率時，多半會伴隨著大部分的市場利率調升。因為韓國銀行升息後，市場利率也跟著上漲，造成的結果就是——銀行貸款利率也跟著上揚。

其中一個能代表韓國市場利率的項目就是韓國的公債殖利率,而「公債殖利率」可以想成:「國家向人借錢的利率」(注:也可以理解為投資公債的報酬率)。假設國家和洪吉童(注:洪吉童是韓國朝鮮王朝的歷史人物,以劫富濟貧的義賊形象在歷史上留名)一起向銀行借錢,兩個人貸款的利率會一樣嗎?當然不會。如果是信用比較好的國家,因為較能確定對方一定還得出錢來,信用分數自然比較高,也能用比較低的利率借到錢;相反的,就放貸金融機構的立場,洪吉童只是一般民眾,甚至沒有不動產等資產,把錢借給對方收不回本金的風險相對較高,所以會用稍微高的利率借錢給他。當公債殖利率升高,國家借錢的利率自然也跟著提高,而若利率調升,與此同時洪吉童向銀行借的貸款利率也會跟著調漲,自然負擔就更大,在這個脈絡底下,我們才會說韓國的公債殖利率相當重要。

升息除了影響貸款、定存還會影響什麼?

那麼,就讓我們回顧一下韓國公債殖利率的變化吧(圖3):

2000 年以降,韓國的公債殖利率幾乎沒有再上升過,呈現一面倒持續下滑的趨勢,不過最近又開始上揚。會產生這樣變化的理由,我的結論是:在過去二十多年內,我們一直在利率愈來愈低的環境中生活,已經好久沒有碰到利率上升的情況,所以一遇到升息就會馬上感覺到:「環境改變了!」而從投資者的立場來說,再往更深的一個階段挖掘下去,接著會冒出這個疑問:

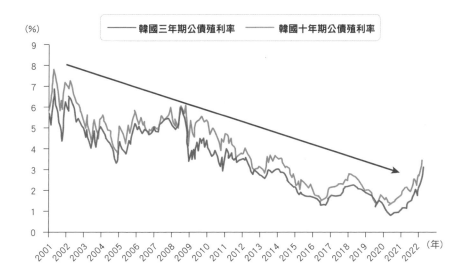

（%）

韓國三年期公債殖利率 ——— 韓國十年期公債殖利率

（年）

圖 3 ・ 韓國三年、十年期公債殖利率的變化

和公債殖利率曾經落在 7% 至 8% 上下的 2001 年年初相比，近年公債殖利率持續下跌了不少，如果排除 2005 年至 2007 年，以及 2017 年至 2018 年這兩個公債殖利率微幅反彈的期間，我們會發現在大部分的時期，公債殖利率都持續呈現下跌趨勢。然而隨著近期通膨壓力逐漸升高，三年期、十年期的公債殖利率才都出現了巨大的漲幅，這個我們之後還會再探討。

「在利率上升期，投資人需要特別注意什麼？」

這也是我最近經常被問到的問題，大家都想了解在「利率上升期」，一般人究竟應該怎麼因應。就如同總體環境已經改變了的事實，如果我們還按照以前的模式投資，可能會落得一身狼狽。因為對這個問題好奇的人很多，就讓我先分享答案，之後再接續總體經濟對投資為什麼重要的話題。

升息打破「債券很安全」的神話

　　首先與利率的升降息息相關的，除了貸款外還有債券。利率上升，債券的價格就會下跌；相反的，利率一旦下降，債券的價格就會上揚。既然債券價格會在升息時下滑，所以現在就是投資債券的好時機嗎？在這裡先打個岔一下，我們姑且先當作已經明白債券是相對一般金融產品中較不利投資的項目，我擔心還是有人搞混利率與債券價格之間的關係，先簡單說明何謂債券。

　　把債券投資想成是一種不能中途解約的定期存款會比較好理解。舉個例來說，我們現在要去申辦一個定存，這是一個以十年為期的定存合約，每年會發1％的利息，這麼一來這個帳戶每年都會固定累積1％的利息，十年後這個定存就到期了。但這裡有一個問題，那就是這個定存中途都不能解約，中間都不能把錢拿出來，要一直等到十年後到期才能拿走⋯⋯好吧，反正現金都有，想著多賺這1％利息也不錯，就還是申辦了這個十年的定存。

　　只是好景不常，現在韓國銀行突然決定大幅調升基準利率，所以我們的定存才放幾天而已，銀行定存利率就突然改成3％了，如果是現在才申辦，未來的十年就可以每年都領到3％的利息，但我們卻偏偏幾天前就辦好了，這樣未來十年期間就還是只能拿到每年1％的利息而已。遇到這種狀況，誰都會升起想翻桌的衝動吧？明明每年都能拿到3％的利息，卻落得只能拿到1％的利息報酬⋯⋯光是這樣就已經很鬱悶了，居然還要再等十年才能拿回來！可是也沒辦法，一開始

合約條件就明訂不能中途解約了。

於是這個定存放在眼裡愈看愈討厭，要趕快找個人賣掉才行。但這時候問題來了，其他人也不是笨蛋，本來想賣給洪吉童卻失敗了，因為他今天去銀行就能辦到未來十年都能拿到3%利息的定存，當然絕對不可能買我手上這張每年只有1%利息的定存。

說時遲那時快，洪吉童突然這麼說了：「不然我就跟你買了這個定存，可是每年2%的利率差（3%–1%）要從本金裡補給我。」這麼一來，因為從本金扣除了十年期的利息差，現在把這張定存賣給洪吉童的話，勢必得虧損部分本金了。沒錯，在利率上升時期，原本用低利率申辦的定存價值——也就是債券的價值也就跟著下跌了，那當然該債券的價格也會跟著下滑了，這也是為什麼利率上升，債券的價格卻會下跌的原因。

不過在我們去申辦十年定存的時候，還有另一個朋友也在現場，那個朋友覺得十年太長了，就決定改申辦一年期、利率1%的定存。只是我們都知道幾天後利率飆升了，如果是之後才辦定存，銀行就會給3%利息。不過這想起來雖然也很氣人，只是和辦了十年定存的冤大頭相比，還是有過之而無不及，這個朋友一年後拿回來的雖然只有1%的利息加本金，又可以馬上投入利息比較高的定存方案，至於要撫平自己那一年中因為3%和1%的差異所帶來的損失，也只是時間問題。

如果我們把一年期的定存視為短期債券，十年期的定存則是長期債券，升息之後債券的價格必然會下跌。但債券也是各有不同，長期

債券受到的衝擊最大，當利率上升時，特別是投資入門者，更需要留心長期債券的投資。

　　想像一下我們把資金分別投進股市和債券，因為利率上升導致市場走勢疲軟，這時候被視為安全資產的債券，照理說就會成為能取代股市報酬，穩定可靠的獲利來源，可是，也有人被套牢好大一倉的長期債券。這是因為雖然長期債券跌幅沒有股票來得大，也不能就此斷定「債券是百分之百安全的資產」，因為「債券很安全」的神話在持續升息的局勢中也可能破滅，過去一段時間的利率走勢雖然是以下跌為主，類似這樣的毛病雖然不多，但在利率上升期，我們的投資組合勢必要做些改變。

收租穩賺不賠？當心升息吃掉你的報酬率

利率上升時不僅債券，靠每月收取租金累積的資產也會受到波及。假設我們準備將價值 1 億元的公寓出租，不是用 1 億元將這個公寓賣掉，而是簽了一個以兩年為期，每月可收取 100 萬元的月租合約，這兩年期間每月的租金都能收取 100 萬百元，這樣應該能累積不少租金收益？拿來和銀行存款比較就知道──假設目前的定期存款利率是 10%，如果把公寓出售再把那 1 億元存入銀行，應該可以期待每年拿到 1,000 萬元的利息。若是將公寓出租，每月固定收取 100 萬元的月租，年收就是 1,200 萬元，因此和銀行存款相比，收租的獲利稍微高一些。只是讓我們再想像一下當大環境驟變，銀行利率暴跌，原

本說好 10％定存利率大打折扣，只剩下 1％左右，這時候如果把房子賣了再存定存，每年只能拿到 100 萬元的利息；但如果繼續收租，每月能固定收取 100 萬元的報酬，這時該選擇出售房產存定存還是繼續收租？答案顯而易見。

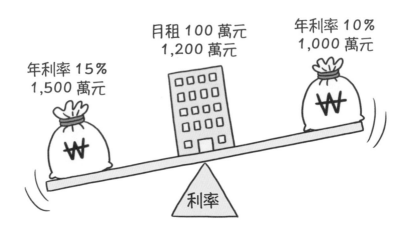

在低利率時代，每月收租的資產將更具吸引力，因為此時月租固定不變，而銀行的存款利率卻始終維持低水平，相形之下每月收租的報酬當然更誘人，利率愈低，月租的報酬與定存利率的獲利相比差距就愈拉愈大，房價也會因此居高不下；相反的，在持續升息的時期，月租收入固定，但這時候放在銀行的定存利息則會愈來愈高，這麼一來，把錢存在銀行的吸引力就會隨著升息而增加，而月租累積資產就會相形失色。雖然市場還會存在許多其他的考量因素，但照常理來說，當利率上升時，月租資產會趨於劣勢。

升息再升息，存股行不行？

也有股票像月租資產這樣能定期賺取利息，雖然未必是每個月發放，概念上也有些不同，這類股票大多能吸引希望能固定收到一定金額報酬的投資人，也就是我們所說的「配息股票」。企業在每年或每季會發給股東股息，在存款利息低時，配息報酬率高的股票也就是「高股息股」就相對受歡迎；換作是利率激升的時候呢？和高股息股票的配息報酬率相比，存款利率就會顯得比較有吸引力，也間接讓高股息股票的人氣下滑。雖然這裡沒有固定的法則，但過去在利率上升期，高股息股多多少少趨於被動的原因就在這裡。

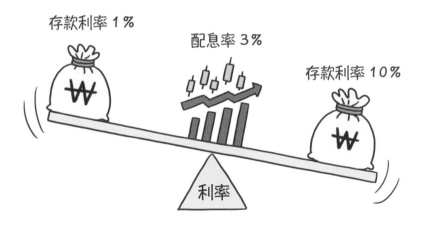

既然講到了股票，就繼續聊聊股票，當銀行升息時，「高本益比股」（Price Earning Ratio, 簡稱 PER 或 P/E）的獲利表現就會相對較

差。什麼是高本益比股？所謂的本益比計算公式就是股價（Price）除以企業收益（Earning）所換算出的值（PER=Price / Earning）。這裡的公式主要是幫助你了解本益比是怎麼算出來的，不用刻意背下來。

實際上，本益比主要是一個指標，告訴我們和特定企業的年收益相比，被市場推估出的股價是高還是低。舉例子來說，假設洪吉童（股份有限公司）每年獲利 1 萬元，而股價則是 5 萬元，那麼本益比換算下來就是「股價 5 萬元（Price）／企業淨利 1 萬元（Earning）＝ 5」，這時候我們就知道洪吉童（股）公司的股價本益比是五倍，而市場把洪吉童（股）公司的股價估為該企業收益的五倍。

由於這本書不是股市專門教科書，所以大概了解本益比這個概念即可，在這裡提到本益比主要是想說明利息與股價之間的關係。如果稍微運用本益比的概念，就可以取得股票的期望報酬率。而詢問：「投資股票一年可以獲得多少報酬？」其實就是所謂的股票期望報酬率了，這可以透過本益比的分母分子對調得出，是本益比的倒數。

聽到這可能有人開始一頭霧水了，再舉個例子吧。現在有一隻鴨子，這隻鴨子每年會產下價值 1 萬元的鴨蛋，但這隻鴨子不是一次產下所有的鴨蛋，而是「每年」總共產下價值 1 萬元的蛋。那麼，各位會想用多少錢來買這隻鴨子呢？我想應該會出現很多紛雜的想法吧？也或許會馬上去網路上搜尋「鴨子平均壽命」，這麼一來，應該會得出十年這個結果，那就代表著如果我們買下了這隻鴨子，未來的十年期間就會每年都能獲利 1 萬元。看完這個結果，應該就有人會馬上就會出價了。先假設有人喊出「10 萬元」，這個人現在要用 10 萬元買

下以後十年，每年都能替他賺 1 萬的鴨子，鴨子的價格（P）是 10 萬元，鴨子的年收益（E）則是 1 萬，那麼用「10 萬元（P）／ 1 萬元（E）」，就可以知道本益比是十倍。

不過現場也有這種人，他們也是先想著：「用 10 萬元買就可以了吧」，卻好巧不巧剛好看到鴨子的眼睛，那隻鴨子的眼睛竟然是紅色的。「等等！這該不會是……」趕快去搜尋一下就發現，鴨子的眼睛如果是紅色的就表示很可能有充血的毛病，這樣壽命就會減半，那本益比算起來就是「5 萬元（P）／ 1 萬元（E）」，變成五倍。

接下來請思考這個問題：一隻價值 10 萬元的鴨子的期望年報酬率是多少？因為投資了 10 萬並期望每年都能回收 1 萬元，所以期望報酬率就是「每年賺取的收益（1 萬）元／鴨子的買進價（10 萬元）」，很簡單就能得出 10% 這個值。等等！這好像是在哪裡看過的公式耶……剛剛前面在計算本益比的時候就看過了對不對？只是分子和分母調換而已。我們剛剛在算本益比的時候是用鴨子的買進價（10 萬元）除以

收益（1 萬元），而計算報酬率的時候則是用收益（1 萬元）除以鴨子的買進價（10 萬元），對吧？所以本益比 PER 的倒數（1 / PER），就可以等於我們投資特定企業股票時所期望回收的年報酬率。

$$期望報酬率 = \frac{\boxed{1萬元}\ （1年期間可以賺到的錢）}{（鴨子價錢）} = \frac{收益}{買進價} \Rightarrow \frac{1}{PER}$$

用本益比重新檢視，打造最賺錢的資產配置

為什麼我們要費盡苦心來求出期望報酬率？對，就是要和儲蓄的報酬率比較一下，既然有儲蓄和股票兩種選擇，要投資哪個比較好？通常我們會看這兩個重點：第一個是比較投資後可以期待獲得多少報酬（期望報酬率），第二個是比較兩者的投資風險。儲蓄當然是非常非常安全的，而股票投資的風險當然比儲蓄要高出許多，又正因為投資股票有風險，所以期望報酬必須比儲蓄更高，人們才會想要投資股票。如果把股票的期望報酬率，也就是「PER 的倒數」拿來扣除一年期的基準利率，就可以知道和儲蓄相比，投資股票的相對魅力有多高。

到這裡我們已經檢視過本益比是什麼、怎麼計算股票的期望報酬

率，以及怎麼和存款利率比較了。現在就要來看看所謂的「高本益比股」是什麼了。高本益股顧名思義就是本益比高的股票，再讓我們用剛剛出現過的鴨子當例子吧，如果鴨子的買進價是 20 萬元會怎麼樣？那麼計算式就會變成「20 萬元（鴨子價格）／1 萬元（年收益）」，得出本益比是二十倍，再把分母和分子倒轉一下，就會變成為了每年賺 1 萬元而投資了 20 萬元，也就是「1 萬元／20 萬元」，算出每年期望報酬率為 5％。

嗯，這是一筆本益比有二十倍這麼高的投資，但期望報酬率卻只有 5％ 這麼低，假設期望報酬率就是 5％，但這時候銀行利率卻剛好上升了，也就是股票期望報酬率在 5％ 的情況下，銀行存款利率卻提升到 3％，這樣和以前存款利率只有 1％ 的時候相比，股票對存款的吸引力就相對下滑了。沒錯，在升息的局面下，期望報酬率相對低的高本益股往往首當其衝。

到這裡可能大概了解在說什麼了，但還是有點茫然對吧？再讓我用比較直覺的方式來說明吧：特定股票之所以會出現本益比較高的現象是有原因的，某些企業雖然眼下只能估計每年會收到 1 萬元的報酬，但其實日後前景看好，未來的有朝一日還是能期待這間公司每年將獲得 3 萬元、4 萬元，甚至 5 萬元收益，雖然不知道什麼時候才會發生。那這樣會變成什麼結果？目前粗估的年報酬是 1 萬元，可是未來的期望報酬卻是比 1 萬元高出很多的 5 萬元，所以以現況計算會得出 20 萬元的股價對 1 萬元（現在的每年收益）的結果，也就是相當於二十倍的高本益比，如果未來每年有 5 萬的年收益，就會是 20 萬

元的股價對 5 萬元的收益，本益比則會降為四倍——現在的本益比為二十倍雖然看起來相對很高，但在預期未來企業收益會成長的情況下，這點是可以被接受的。

熱錢去哪兒？成長股也失色

這樣就能理解為什麼某些企業股價會高漲的原因了吧？因為即使當經濟像現在這樣長期保持在低成長的狀態，投資人還是會對特定企業的成長前景抱有相對高的期待，而這些在整體市場的成長都趨於停滯的時候，卻獨樹一幟地讓人對它的成長有著不同期待、具有差別性成長的股票我們就會稱它為「成長股」。

利息其實就是「錢的價值」，利息（錢的價值）變低就代表市場上錢的供給增加了，而錢往往會往「成長」這個餡餅愈來愈大的地方匯聚，當市場長期處於停滯的狀態下，錢難道不也會跟著流向成長前

景仍然看好的稀缺企業嗎？會的，如此一來錢的力量就會把特定股票的股價再往上推高，而既然股價上揚了，儘管該股票的年報酬仍是維持在 1 萬元，我們還是可以預期總有一天這支股票的年報酬會衝上 20 萬元。總而言之，為了從經濟衰退、一路維持在低成長的市場環境中掙脫，錢的供給不斷增加，這些錢就會自然湧向那些為數不多但前景可期的成長股，這麼一來那些股票也就會成為高本益股了。

可是現在狀況又變了，實體經濟總算開始逐步擺脫困境，中央銀行斷然決定調高基準利率，那麼實體經濟曾面臨的低成長態勢總算稍稍平息，開始出現相對平穩的成長趨勢了，如此一來，曾經是成長股優點之一的「差別性成長」，這個因為市場稀缺而產生的價值就會跟著消失了。此時和過去市場上降息局勢相比，在升息的局面下，市面上的金流供給就會開始減少。前面我曾經解釋過在低利率狀況下市場上熱錢過多，投資者為了創造獨樹一幟的成長而推高成長股的股價；而現在則是因為市場上對錢的供給減少了，而使得成長股「差別成長」的稀缺性不見了，這麼一來成長股的表現也會因此受限。這也是為什麼在利率上升的盤勢中，成長股反而落居頹勢的原因。

40 年一遇的通膨大逆襲來了

現在來整理前面提到的重點，我們已經討論過升息的時候，投資債券要特別小心，以及收月租的資產累積速度可能相對較定存來得慢，最後更說到升息的局面下需要更謹慎面對成長股與高本益股。當

然事情並不一定會那樣發展，但如果是想在升息的時局下投資不同資產的多元投資者，就需要特別注意在利率上升期的環境變化下，可能會出現的資產特性。

先前已經提到：利率這個總體經濟的變數一旦發生變化，就有可能對資產市場帶來可觀的影響，即使沒有全球金融危機或新冠疫情等極端危機情勢的衝擊，像利率升降這種常見的市場變化，也會對總體經濟環境帶來巨大影響，我們的整體投資策略也必須隨之調整。既然如此，匯率變化是不是也會為資產市場帶來變化？當美元趨於強勢或弱勢時，資產市場難道會受影響嗎？最後我再拋出一個問題給大家，是最近火燒眉毛的大事——物價上漲會造成什麼結果？

在全球金融危機之後，我們就幾乎沒有經歷過全世界物價上揚的通膨現象了，然而最近物價急速大漲，所謂「通膨的逆襲」正式揭開了序幕。在過去十多年以上物價都沒有提升，反而延續了物價近乎下跌的通貨緊縮（Deflation）局面，直至最近人們才再次目睹 40 年一遇的最大規模、進展飛快的物價大漲現象，這樣的變化會不會也為投資環境帶來極大的影響？

我始終認為投資時一定要關注總體經濟環境，特別是在現在這種總體經濟環境出現數年一度的異常變化，且這個變化在短時間內急遽發展的時刻，更是需要投入更多的關切。聽過前面說到伊朗足球比賽的故事了，在通膨消失的時候投資，每場球賽不管怎麼說都像在主場踢球，但好多年之後才出現的強勁通膨就宛如向我們丟出了這個訊息：從現在開始所有比賽都是「客場比賽」！等於競賽難度也跟著提

高了。

如果你也透過這一章對理解總體對投資有幫助的這點感同身受，現在就讓我們一起進入實際的現象分析吧，接下來會一一檢視最近引發話題的經濟環境以及總體經濟事件，至於將會提到的話題有哪些呢？我想許多人會馬上想到的應該是俄羅斯對烏克蘭的戰爭（注：下略為烏俄戰爭）、美國為首的數國中央銀行升息、美元超強勢局面，以及最受矚目的通貨膨脹。

烏俄戰爭令原物料價格上揚，進而觸發通膨為經濟帶來威脅，美國升息，以及因美元升息而出現美元強勢的原因都起源於物價的快速上漲，感覺這些大事件最後都匯集成「通膨」這個單詞，既然如此，就讓我們先來討論通膨引發的影響。

強勢回歸的通膨時代

第 2 章

通膨回來了？

| 正常 VS 不正常 |

新冠疫情發生以前

2020 年 3 月

中國武漢發現源頭不明的肺炎 ——○○新聞

國內發現首位 Covid-19 確診者 ——○○日報

WHO 宣告新冠疫情進入「世界大流行」

美聯準，採取有史以來最大的放錢力道救經濟 ——○○ News

新冠疫情發生之後

新冠疫情發生至今，從 2020 年 1 月底據傳中國正在流行致命病毒的「怪談」出現開始，新冠肺炎的餘波截至 2022 年都還沒有完全消失，反倒是一波未平一波又起，Delta、Omicron 等變異株不斷出現，疫情往長期化發展的可能性也愈來愈高。而我們生活中受到新冠病毒影響而改變的事情不少，其中與我們的日常生活最息息相關的就是口罩，最近搭乘公車、地鐵等大眾交通工具時，大家都戴著口罩，在公司裡也必須戴著口罩工作；在公園散個步的時候如果不小心看到旁邊有人脫掉口罩跑步，還會嚇一跳……現在很多人看到有人沒戴口罩，還會像是看到精神失常的人一樣，忍不住盯著那個人看，暗自唸個幾句。

通貨膨脹成為新常態？

　　在新冠肺炎疫情之前戴口罩的人非常少，如果說那時候大家都不戴口罩、輕鬆在路上走算是正常現象，沒想到才不過兩年的時間，所謂的正常和不正常就已經完全對調了，現在已經變成戴口罩的人正常，不戴的人不正常的世界了。而如同戴口罩這樣的變化在金融經濟

中也正在發生中，其中最具代表性的就是通膨——也就是物價上漲。我們之所以會對這個局面有點生疏，是因為在全球金融危機發生的 2008 年以後，有十多年以上的期間都沒有發生過物價明顯上漲的現象，可現在，離家出走一陣子的通膨又回來了，而且這次還不是低調返家，而是強勢回歸。也就是這樣，通膨的變化才會讓所有人都感到非常詫異。說到這裡，讓我們一起來讀幾個新聞標題：

—美國消費者物價指數創 40 年來最大增幅……高物價考驗拜登一年執政成果
　　　　　　　　　　　　　　　　　　　—《京鄉新聞》，2022/01/13
—美國物價突破 7%，續創 40 年來新高……往經濟「最差狀況」邁進一步
　　　　　　　　　　　　　　　　　　　—《Etoday》，2022/01/13

　　2022 年開始有不少揭示美國物價漲幅創下 40 年新高的新聞，也就是說，好久不見的通膨不只回來了，還創下歷史新高？再說明得仔細一點，就是 40 年前全世界就曾因石油波動而陷入大規模的通膨，現在等於重演當時的通膨規模，隨之而來的物價飛漲也讓人們的生活變得更加困難。美國拜登政府多次祭出過去聞所未聞的強勢經濟振興方案，據說多數美國民眾也對拜登提出的政策感到不滿，而這波民怨的主要核心就是：「給錢有什麼用？各種津貼補助根本跟不上物價漲幅！」但是這個問題只在美國出現嗎？不只是美國，全世界都為了振興經濟而大量釋出貨幣，美國壓倒性的流動性更是讓錢流向世界各

地，最後再加上原物料價格上漲的推波助瀾，一連串的問題加起來，在在增加世界各國的通膨壓力。接下來讓我來引用一些相關新聞報導：

— 英國上個月物價漲幅達 5.4%，創 30 年來新高……應會持續上漲

— 《聯合新聞》，2022/01/19

— 中國通膨嚴重，生產者物價指數創 26 年來最高

— 《News1》，2021/11/10

— 今年消費者物價指數大漲 2.5%……破十年來記錄

— 《聯合新聞》，2021/11/10

英國創 30 年來最高，中國的生產者物價指數也遭遇 20 年來首次的最高通膨，韓國當然也不例外，在十年來最高的消費者物價指數面

前，韓國經濟也遭逢前所未有的考驗。

抑制物價上漲最有效的手段：升息

這麼一來，我們不是應該要趕快抓住如脫韁野馬一樣亂衝的物價嗎？控制物價的方法雖然有很多，但最具代表性的做法之一當屬中央銀行的升息了。

為了舉出比較直覺的例子，還是先假設定存利率是每年3％，想到不久之前定存利率還是1％那麼低的時代，3％應該是算很有吸引力的利率對吧？但是，物價同時大漲10％，在物價漲了10％的通膨狀況之下，申辦利率只有3％的定存就像傻子才會做的舉動。沒錯，在這個情況下，就連被定存綁住的錢也都會被放出來，進一步刺激物價的上升。

從新冠疫情開始到現在，我們正在通膨的逆襲下苦苦呻吟，接下來我們也會從令物價上漲的通膨究竟是什麼，以及現在正在帶來什麼衝擊開始，繼續討論為什麼通膨會在此時強勢回歸，以及未來全球經濟會如何發展。

第 3 章

通貨膨脹與通貨緊縮
如何影響你的錢

I 只知道工作的傻工蟻 I

某個冬天……

哇，存了不少錢了耶！努力工作果然會有回報～

存摺

咦？幾個月前還是1百萬塊耶!?

○○樂器行

售1,000萬元

去問一下蟋蟀好了……

蟋蟀哥啊！你的小提琴真的有1千萬這麼貴嗎?!

還真的耶～我什麼都沒做，價格就自己漲上去了呢

100萬元
1000萬元

200萬元
2000萬元

怎麼可以～~!!

哇

啊

那我為什麼要工作咧？早知道就不要狂做兼職，不如去買小提琴算了……

升息為什麼能平抑物價？

　　這裡想先簡單談談什麼是通貨膨脹，以及與其相反的通貨緊縮。通膨是物價上漲的現象，而相反的，我們會說通縮就是物價下跌的現象，但如果今天不是用物價的觀點來看通縮或通膨，而是從貨幣的觀點出發，那事情就會有點不一樣了。當我們換個說法來敘述物價上漲，其實就是在說貨幣價值下跌，原本一本書用 1 萬元就能買到，現在卻要 2 萬元了，這雖然代表著「書」這個物品的價格上漲了，但其實也可以說是貨幣的價值下滑了，所以用 1 萬元買不到這本書，要拿出 2 萬元才行，這也就同時代表貨幣本身的價值下跌了。沒錯！所以通膨雖然主要代表「物價上漲」，但同時也可以解釋成「貨幣價值下跌」；而當然通貨緊縮則主要代表「物價下跌」，但反過來用「貨幣價值上升」也說得通。

　　中央銀行是印製發行貨幣的機關，而中央銀行在供應貨幣時，最優先考慮的是，會不會因為供應了太多貨幣而引發貨幣價值大幅下滑的現象，也正因為中央銀行負責印鈔，需要保障貨幣的價值，所以應該要為此持續研究怎麼對市場供應適量的貨幣。但是讓我們假設一下

大規模通膨來襲,大規模的通膨雖然代表著物價的上漲,換句話說,也等於是中央銀行印製的貨幣價值大幅下滑,中央銀行當然不會對此坐視不管,所以各國中央銀行的首要目標就是確保物價安定。由此可知,為了確保貨幣價值平穩,中央銀行才會實施升息政策來抑制物價大幅上漲的危機。提高利率後,市場上的現金會被中央銀行吸收,市場上流動的現金就會慢慢減少,因為取得現金的門檻提高,貨幣的價值也會隨之提升。至於貨幣上升後會造成什麼結果?緊接而來就會導致物價下滑,所以說升息才會成為物價急遽上升時,足以抑制通膨的有效政策之一。

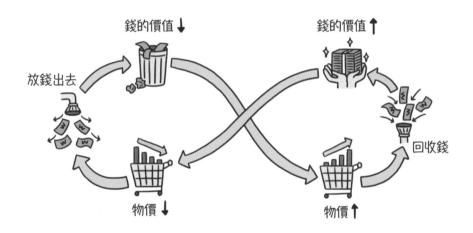

通膨的雙面刃

再讓我們一起想像,如果通膨愈演愈烈,資產價格的漲勢變得更

猛烈，會造成什麼問題？首先是產品的價格將變得非常昂貴，由於大家原本放進購物車的東西實在漲價太多，沒辦法繼續結帳購買。通膨就像盜賊一樣，已經默默讓我們荷包裡的錢變薄，只差沒有拿刀威脅我們掏錢出來而已。誇張一點講，假設月薪只有 100 萬元，本來一包只要 10 萬元的蝦味先，在若干年後因為通膨變成 100 萬

元，在月薪都沒有調整的狀態下，我們的購買力因此萎縮，當消費者購買力持續下滑，產品就會賣不出去，導致市場出現負循環，一定會對經濟造成更嚴重的衝擊。

　　有個關於工蟻和蟋蟀先生的寓言故事，蟋蟀先生每天拉小提琴享受快樂的人生，工蟻卻死命工作，一點一滴攢錢。時間一久，工蟻當然存了不少錢，而蟋蟀先生應該口袋空空，這時我們應該都可以猜到這個故事的結局⋯⋯只是現在卻出現一個變數 —— 大規模通膨開始了，貨幣價值大幅下滑，物品價格大漲。這麼一來，蟋蟀先生擁有的小提琴價格就順勢一路往天上飆。最後，我們這個美麗故事的結局卻是，蟋蟀先生賣掉小提琴，享受比工蟻還要幸福的人生。

　　這是什麼破壞童年的童話故事？但就像這個故事所說的，過度的通膨現象有把物價往上拔得太高、促使消費萎縮的缺點。過度的物價上漲和嚴重的貨幣價值下跌也同時降低了人的勞動力，隨著勞動生產

的萎縮，經濟整體的成長也可能同步出現萎縮的問題。

為什麼各國中央銀行以每年通膨 2% 為目標？

那麼大家應該會好奇想問：「這麼看來，中央銀行應該很愛通縮吧！」通貨緊縮代表的是物價的下滑，換句話說就是貨幣價值的提升，這讓我們會出現以下想法：「自己發行的貨幣價值上升了，中央銀行應該就能從中受惠。」從消費者的立場來看，通縮是有這樣的優點沒錯：會讓物價下跌，消費者可以用便宜的價格來買東西，心理負擔也會比較小，因此從眾多因素來看，通縮乍看之下都只有好沒有壞……但是！儘管判斷輕重並不容易，但至少各國中央銀行對通縮的警戒程度其實都比對通膨的提防來得高。

通縮是讓物價下滑的措施，表面看起來物價下滑對消費者比較友善，但從經濟整體的觀點來看，卻不是只有物價下滑的影響而已。當物價開始下跌時，人們會預期物價會繼續往下跌，而當人們相信物價會繼續跌，當然不會馬上購物，會選擇慢慢買、晚點買。問題就在於即使通縮已經開始了很長一段時間，物價也已經跌很多了，人們卻還是不採取行動，這是因為儘管物價和之前相比已經跌了不少了，人們還是認為物價會再繼續往下跌。

如此一來社會整體的消費就會慢慢消失，而消費一旦消失，企業就賺不到錢了，對吧？隨著企業利潤減少，企業對生產產品的投資也會降低，在這個過程中就會自然減少雇用人力，工作機會的減少又造

成失業人口增加，再進一步削弱人們的所得，而大眾的所得減少又會緊跟著消費動能的減弱。在消費消失的狀況之下，所得減少帶來的消費大減也會讓物價跌得更深，物價跌得愈嚴重，人們就愈抱著物價繼續往下跌的期待，讓消費萎縮陷入更深的泥淖……曾經掉入這種通縮的惡性循環，至今都還沒辦法脫身的代表國家就是日本了。

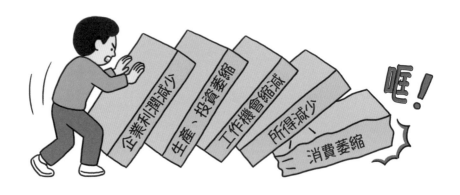

各國中央銀行都不會希望因為物價上升，讓自己發行的貨幣價值陷入不穩定的狀態；反過來他們也不會希望因為物價下滑，讓經濟整體成長大幅萎縮，無論是美國的中央銀行——聯邦準備系統（Federal Reserve System，Fed，下稱聯準會）或韓國的中央銀行——韓國銀行，中央銀行的目標都是維持每年 2% 的通膨水準。因為穩定的通膨程度會讓人們抱持「物價會一點點慢慢上漲，有餘力的話就先多買一點東西」的期待心理，而這樣的期待心理會幫助促進穩定的經濟成長，這就是各國中央銀行都偏好維持每年 2% 通膨——也就是處處提

防強勢通膨以及通縮發生的原因。

　　無論是通膨或是通縮，只要太一面倒地往其中一方去，就會為貨幣的機能帶來相當大的問題。通膨會讓貨幣價值急遽下滑，使人們不想要收太多現金；而通縮則會讓貨幣價值上漲得過於快速，讓人們想保留現金而減少消費傾向。在這裡我將用比特幣等加密貨幣的例子來說明。

物價一天內出現 10% 的漲跌會怎麼樣？

　　我記得有段時間「加密貨幣是不是貨幣」的爭議引發相當熱烈的討論，雖然我對加密貨幣的技術內容沒有很深刻的理解，所以對這個話題比較小心，但至少我認為短期內加密貨幣要取得實體貨幣的地位應該很難，其中最主要的理由是因為加密貨幣的價值浮動太大了。加密貨幣的價格在特定時期甚至會反覆出現 10 個百分點以上的升降，實際上比特幣就曾在 2021 年初從原本 2 萬美元的水準以極大的幅度竄升，創下 1 枚比特幣價值超過 6.5 萬美元的記錄，而之後下滑的程度也很戲劇化，才幾天內就下跌了 40% 到 50%。用文字說明會比較模糊，看到「圖 4」、「圖 5」就能更清楚。

　　各位讀者透過圖表應該就能確實了解，加密貨幣的漲跌強度和股價相比毫不遜色。甚至會發現，加密貨幣往往會出現大大超越股票市場的漲跌趨勢。看到加密貨幣的大家長「比特幣」，它的價格浮動雖然已經很驚人，但其他的加密貨幣展現出來的浮動程度往往更戲劇化。

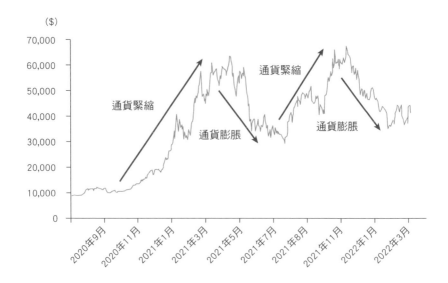

($)

70,000

60,000

50,000

40,000

30,000

20,000

10,000

0

通貨緊縮

通貨緊縮

通貨膨脹

通貨膨脹

2020年9月　2020年11月　2021年1月　2021年3月　2021年5月　2021年7月　2021年8月　2021年11月　2022年1月　2022年3月

圖4　· 2020 年以後的比特幣價格趨勢

這張圖呈現了比特幣如何從 1 萬美元的價值竄升到 6.5 萬美元後，再崩跌到 3 萬美元的水準，接著又立刻再次反轉，展現暴漲暴跌的趨勢。如果我們把比特幣視為貨幣，那比特幣從 1 萬美元的價值飆漲到 6.5 萬美元就是六倍以上的超強勢通縮，而從 6.5 萬美元暴跌到 3 萬美元的區間，也可以被解釋成是短期內創下 50% 的巨幅下跌，也就等於在極短期間內引發了高達 5 成的物價漲勢。

如果加密貨幣取代實體貨幣

　　回歸正傳，讓我們來想像一下加密貨幣變成真的貨幣會發生什麼事，如果加密貨幣是真正的貨幣，那我們就可以把加密貨幣的價值崩盤視為通貨膨脹；反之，當加密貨幣的價值上升時，就能稱作是通貨

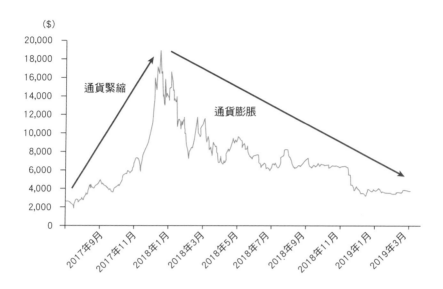

圖5 · 2017 年以後的比特幣價格趨勢

比特幣投資受到矚目的主要時期可以參考這張呈現 2017 年至 2019 年比特幣價格的趨勢圖。2017 年下半期，價格曾經落在 2,000 至 3,000 美元水準的比特幣突然衝上 20,000 美元後，又隨即崩跌至 4,000 美元，這個 80% 以上的價格下跌也等於驗證了貨幣價值的崩盤。換句話說就是在比特幣市場出現了通膨——如果比特幣是一種貨幣，那猛烈得讓現實世界中的貨幣都無法比較的通膨與通縮現象就會變成現實。

緊縮。我們時不時會目擊加密貨幣下跌 10% 左右的現象，那不就等於是一天內發生了一成左右的通膨嗎？現在美國正在 40 年來最大的通膨困境中掙扎著，在那背後有的是飆升 7% 的美國消費者物價指數。等等！美國物價上升 7% 已經近乎是拜登政府的最大考驗了，絕對是火燒眉睫、令各界熱議的大事，如果一年上升 7% 都是這樣的局面，

那如果是一天之內貨幣價值就掉 10% 的通膨會造成什麼後果？

　　在房價大漲的時候經常會出現這樣的現象：買房子的時候因為金額很大，通常會先約定支付一成的簽約金（訂金）。舉例來說，如果要買價格為 1 億元的房子，那首先買方會先約定購買，並支付 1,000 萬元的簽約金，兩個月後再依約支付剩餘的 9,000 萬元。但這時候問題就發生了，假設付完簽約金之後房價突然不受控制地狂漲成 2 億元了，那麼原本要用 1 億元賣房子的原屋主會怎麼想？應該會打算這麼做吧：既然還沒拿到尾款 9,000 萬元，那就把收到的 1,000 萬簽約金先還回去吧，趁現在趕快取消合約，甚至寧願支付一定程度的違約金也要把既成的合約當作沒發生過。在這裡房產買賣交易被取消的案例本身並不是那麼重要，主要是要強調當貨幣價值快速下跌而催化通膨、促使房價大幅飆升時，市場上的交易就勢必會慢慢消失了。

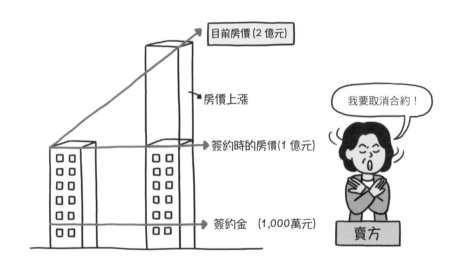

而和上述相反的，就是在支付簽約金後，尾款都還沒有還完房價就大跌了，不到一個月房子的價格就掉到 5,000 萬元，那對剛下訂買房的人來說，該繼續付完剩下的尾款 9,000 萬買下這間房子嗎？這麼一來，與其買價值只剩 5,000 萬的房子，不如犧牲 1,000 萬訂金取消合約，不付剩下的 9,000 萬了。在房價大跌的極端通縮狀況下，想買房子的人也會放棄簽約。

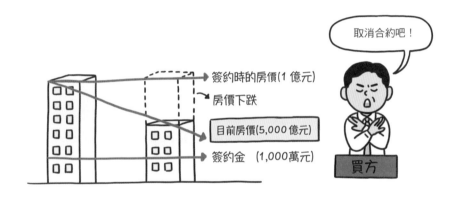

　　先姑且不談通膨、通縮現象，貨幣價值的大起大落本身就會直接引發社會整體交易消失的問題。貨幣是交易的媒介，是為了交易存在的，如果貨幣的價值不穩定，就會帶來交易消失的副作用，這也是為什麼我會認為：加密貨幣一天內價格就能上下浮動一成以上，在它的價值趨於穩定之前，應該不太容易取得實體貨幣地位。

加密貨幣是新貨幣還是新投資標的？

各國的中央銀行都扮演著印製發行該國貨幣，並且管理該貨幣價值的角色，大部分的中央銀行都視物價穩定為最優先的目標。而反過來想物價穩定這件事，其實就等於在談貨幣價值的穩定了，因此在談及加密貨幣是否能取得貨幣地位的議題時，聯準會和歐洲中央銀行（European Central Bank，ECB，下稱歐洲央行），以及國際組織都表明了類似的立場：

— 美國聯準會副總裁：「加密貨幣，不是儲存價值的手段，亦不是交易媒介」……「絕非貨幣」　　　— 《Coin Readers》，2021/05/26

— 歐洲央行總裁拉加德：「加密貨幣只是投機手段，央行應該討論數位貨幣作為替代方案的可能性」　　　— 《全球經濟雜誌》，2021/09/17

— 防制洗錢金融行動工作組織：「加密貨幣不是貨幣」

　　　— 《亞洲時報》，2018/10/21

「沒有內建價值，也無法當成交易媒介或是支付手段」──這類主張的共同點是認為加密貨幣不能被當作貨幣，既然它不是貨幣，那又是什麼？對，我們可以把它視為投資資產，就像不會有人把股票和不動產稱為貨幣，也不會稱原物料為貨幣一樣，只是我們在投資這些資產的時候總會期待獲得一些報酬。關於這個觀點，美國聯準會主席

鮑爾（Jerome Powell）和前韓國銀行總裁李住烈都曾表態：

— 鮑爾：「加密貨幣是投機資產……沒有侵害金融安全的隱憂」
　　　　　　　　　　　　　　　　　　　　— 《聯合 Infomax》，2021/12/16

— 央行總裁李柱烈：「加密貨幣不是貨幣，是資產」……李發表與
　　G20 一致的立場
　　　　　　　　　　　　　　　　　　　　— 《首爾經濟》，2018/03/21

　　正因為加密貨幣可以被視為資產，所以人們才會投資加密貨幣。金融市場上有相當多的資產類型，並且有無數的人會選擇投資新型資產。在這裡我要假設有一個新興資產初登場，它就叫做加密貨幣，但是我們既無法查詢這個新型資產過去的記錄，也不太清楚它具有什麼特性，於是在資訊這麼侷限的狀況下，雖然仍有少數了不起的個人投資客會大膽投資，但大多數的投資人應該都會選擇把錢湊起來，去投資那些能夠創造穩定獲利的基金吧──換句話說，在資訊不足的時候，投資人應該會傾向不去投資那些機構投資人都不太認可的資產。

　　其實在加密貨幣受到熱切矚目的 2013 年或 2017 年，當時也時不時有投資散戶站上加密貨幣投資的核心，當時的加密貨幣甚至離機構投資人的視線還很遠，但在經過一段時間後，機構投資人也慢慢開始把加密貨幣視為資產了，於是慢慢出現更多機構投資人跳入加密貨幣的投資圈。PayPal 就是其中一個領跑者，自 2020 年第四季開始，機構投資人進場投資加密貨幣的態勢也愈來愈明朗，就讓我們來看一篇

報導觀察：

從 PayPal 開始，機構投資人進場投資加密貨幣的態勢明顯，根據 AI Coin 的資料，美國數位資產信託基金投資公司「灰度」（Grayscale）在 10 月 14 日至 11 月 11 日為止的一個月內淨買入了將近 8,700 萬美元的比特幣。目前灰度持有的比特幣共有 499,205 枚；那斯達克上市公司微策略（注：MicroStrategy，Nasdaq：MSTR，企業軟體開發商）曾將公司資產的八成全都投入比特幣，據說目前為止的比特幣獲利比過去三年的營收還要高。

其他著名的投資人還有像是文藝復興科技（Renaissance Technologies）的創辦人吉姆‧西蒙斯（Jim Simons），據說他自 3 月開始投資比特幣；而對沖基金投資人德魯肯米勒（Druckenmiller）也表明「自己目前持有比特幣」，並稱「期待它帶來比黃金更高的報酬」；傳統金融機關 JP 摩根（J.P. Morgan）也很快就跟著推出數位資產服務，正在提升市場影響力；與此同時資產管理公司富達投資（Fidelity）也在近期開始提供數位資產監管服務。

— 《News Way》，2020/11/18

加密貨幣為何成為投資新寵兒？

　　這是一篇關於 PayPal、灰度、文藝復興科技，以及德魯肯米勒等世界著名投資人紛紛開始進場投資加密貨幣的報導。所謂的投資就是必須有人接在我後面，用比我當時買進的金額更高的數目把我的資產買走，而在那些足以被稱為超級主力的企業投資人紛紛挹注資金之下，加密貨幣的價格就跟著水漲船高，那麼那些搶先購入加密貨幣的機構投資人當然成果豐碩了，這時候就讓眾多競爭基金也想搭上這波順風車，便紛紛開始入手加密貨幣，而這一連串連鎖效應就是讓加密貨幣的價格進一步飆升的原因之一，那這樣下去，加密貨幣的市場規模不就會比以前要擴張許多嗎？沒錯，市場愈是擴大，就有愈多的投資人對加密貨幣的投資躍躍欲試，這也使得監督金融市場的各國當局再也不能對加密貨幣坐視不管，各國政府勢必要制定一些規範來管理，以確保加密貨幣的投資人都能在法律框架及政府制度的保護下進行投資。

　　然而我們都知道種種規範的導入也可能成為加密貨幣投資的絆腳石，甚至也可能直接衝擊加密貨幣的價格。加密貨幣目前也還在逐步被認可為投資資產，而在加密貨幣被認可為資產的過程中，各金融當局推出的制度也為加密貨幣帶來了許多不確定性，這份不確定的狀態讓加密貨幣價格時常大起大落，價格不僅不能維持穩定，還會隨時高漲又暴跌，讓我們經常用「變動性增加」來形容。是的，這些都是加密貨幣之所以具有高變動性的理由。

在這一章節中，透過加密貨幣想傳達的核心觀念是：無論通膨或是通縮，只要過度朝向一方發展，就會為我們的整體經濟帶來相當大的副作用，中央銀行之所以希望維持每年 2% 水準的穩定通膨，並在通膨急遽增強時出手阻止，就是基於這些因素。前面既然已經介紹過通膨與通縮的概念了，現在就要來正式觀察最近成為話題的通膨復活說。

第 **4** 章

沉睡已久的通膨為何
現在回來了？

|三支箭|

通貨膨脹之所以會成為全球金融市場的熱門話題，主要有兩個原因：第一點是物價非常迅速和猛烈地飆升，第二點則是通膨在2008年全球金融危機以後已經消失了十幾年，現在突然出現殺得眾人措手不及。

　在全球金融危機以後，全世界政府和當地中央銀行都非常擔心會發生日本式的通縮現象，所以大力實施各種方法試圖帶出通膨，而為了維持這個年成長2%的通膨，各國可以說是拚了命地使出強力的量化寬鬆政策。但即使這麼努力，拉起通膨卻沒有那麼簡單，有好長一段時間通膨就像被封印在阿拉丁神燈裡的精靈，沒想到最近卻像是解除封印一樣，突然從神燈裡衝了出來，還用讓人預想不到的速度快速擴大。在這裡我們可以拋出兩個問題：

> —「之前通膨為什麼陷入沉睡？為什麼被封印了那麼久呢？」
> —「為什麼在這麼長的時間裡，睡得好好的通膨會突然回歸了？」

日本式通縮帶來的警惕

⋯⋯⋯⋯⋯⋯⋯⋯⋯⋯

讓我試著先從第一個問題開始解起。2008 年全球金融危機當時出現過這樣的形容：「百年一見的金融危機」，因為在 1929 年經濟大蕭條以後，人們就沒有再經歷過大規模金融危機，但在 2008 那年卻捲土重來了，並在之後不斷有專家提出警告，表示未來全球經濟很可能會陷入日本式的通縮泥淖中。

所謂的日本式通縮泥淖是這樣的：1980 年代後半，日本經濟持續出現過熱的現象，不動產與股市投資的熱潮極其猛烈，當投資出現熱潮時，經常會看到有人不惜舉債投資房產和股市，用現在的流行語來說，就是日本也曾經出現過「靈魂投資鬼」，意即「為了投資，不惜連靈魂都拿來借錢湊數的人」。舉例來說，某人想買價值 1 億元的房子，但手頭卻只有現金 1,000 萬元，那就只能貸款 9,000 萬元去買，如果之後房價漲到 1.2 億元，就等於投資了 1,000 萬元卻賺回了 3,000 萬元，等於是三倍的收益。

房價持續上漲當然應該是件愉快的事，但如果之後房價反而下跌了，投資人就會受到比賺錢的喜悅更大的衝擊。假設原本房價為 1 億元的房子突然跌到 9,000 萬元，即使房價下跌了，貸款金額還是固定在 9,000 萬元，那就等於 1,000 萬元憑空消失了，但慘況還不會在這裡就停了，之後還會慢慢跌到 8,000 萬元、7,000 萬元，這樣就等於讓投資人欠下愈來愈龐大的債務。

1990 年代初期開始出現的日本不動產泡沫，讓許多借了巨額貸款

投資房地產的日本投資客陷入絕望境地，這些人因為欠下的債務過多，本來就很難輕易增加消費，而隨著消費消失，產品需求當然也不見了，物價也勢必跟著下滑。之後即使製造產品的原物料成本上升，企業也很難將那些成本用漲價的方式轉嫁到消費者身上，因為大眾的消費力已經很低了，如果再漲價就會讓人更無法購物，就這樣在大規模負債泡沫化帶來的通縮衝擊下，直至 2020 年代為止，日本經濟已經陷入了長達 30 年以上的「日本式通貨緊縮」，苦不堪言。

既然已經提到了日本，就讓我再多說一點日本的狀況。折磨日本長達 30 年以上的時間後，通貨緊縮已經成為理所當然的現象，如同前面提到的，日本企業即使在面臨原物料上漲、產品成本大增的壓力時，也不會輕易調漲產品售價。還有一點是，日本的經濟除了通縮之外，還一併掉入了高齡化的深淵，因為成長動能和勞動力一起減弱，日本經濟很難再找回過去那樣強勁的朝氣，也許是因為這樣，在現在通膨席捲全世界的情況下，日本的通膨狀況相對之下較溫和。

黑田東彥是現任日本中央銀行（Bank of Japan，BOJ）也就是日本銀行的總裁，黑田總裁曾公開表示日本物價大幅上漲的可能性非常低，日本政府和中央銀行都深知這樣的狀況，所以透過許多強烈的手段嘗試擺脫通縮，直到現在仍以這個目標持續努力。

安倍三支箭也無法帶領日本走出通縮困境

聽過安倍晉三這個名字嗎？ 2013 年安倍成為日本總理之後便開始

施行「安倍經濟學」，這個政策還有「三支箭」的別名。以前有個老故事是這樣的：某天有個爸爸把自己的孩子都叫來，讓他們試著把一支箭折斷，每個孩子都輕輕鬆鬆地把箭折斷了，但當他讓孩子試著一次折斷三支箭的時候，卻沒有孩子能像剛剛那樣輕而一舉地把箭折斷。這個童話隱含著一支形單影隻的箭也許脆弱，但三支箭集結起來就會變得很強大的寓意，安倍晉三就是瞄準了這點。

被稱為「無限放錢」的中央銀行貨幣量化寬鬆政策就是其中一支箭，光靠這一支箭還無法把日本經濟從通縮這個大泥淖中拖出來，所以才會同時祭出三支箭，不只是無限制地放錢，還輪番射出「強力的政府財政支出」以及「經濟結構改革」這兩支箭，全力推動日本經濟的強勁成長。同時安倍的目標也非常明確，他曾表示這些政策將持續實施到日本經濟出現年成長 2% 的微通膨為止，然而儘管採取了這些振興政策，日本經濟始終沒辦法從那個泥淖中走出來。

通貨緊縮讓負債更沉重

先前說到通貨膨脹雖然可以簡單說成是物價的上升，但其實也代表著貨幣價值的下跌，這讓我們產生這樣的疑問：「日本這麼漫無止境的大撒錢，市場上的貨幣供給就會變多，貨幣的價值就會跟著下跌，一旦貨幣下跌，接著理當進入通膨的狀態。為什麼日本一次動員了這三支箭的措施，經濟還是這麼艱困？」

理論上這麼說沒有錯，但問題就出在負債也會通貨緊縮。讓我們

試著這樣想：負債是種由貨幣來標示的資產，而我們剛剛也討論過通貨緊縮是物價下跌、貨幣價值上升的現象，那在通縮的狀況下，由貨幣來標示的資產——「負債」和它的實質負擔又會如何變化？

是不是突然覺得我在講外星語呢？讓我舉例說明。假設我們要買一間 1 億元的房子，貸款 7,000 萬元，我手上有現金 3,000 萬元，不幸地經濟上出現通縮現象導致房價下跌，從原本 1 億元跌至 5,000 萬元了。但就算房價下跌成 5,000 萬元，我欠的貸款還是原本的 7,000 萬元，所以之前我的資產價值換算下來，是 1 億元加上 7,000 萬元的貸款（債），現在的資產價值卻變成 5,000 萬元加上 7,000 萬元的貸款（債），雖然債務金額不變，但隨著我的房產價值下跌，債務的實質負擔隨之變得更沉重了。

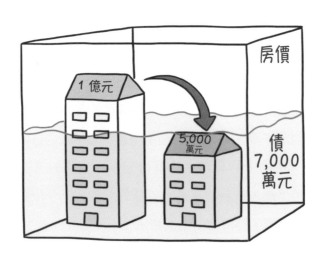

由此可知，當通貨緊縮的壓力上揚，就會從資產通縮開始演變成經濟整體貨幣價值上升，那麼由貨幣來標示的負債就會相對膨脹，而造成實質負擔增加的情形。

剛剛提到的，就是通貨緊縮帶來的實質負債負擔擴大的狀態，然而不幸的是，這樣的通縮景況通常會維持一段非常長的時間，繼續深鑿出更深的通縮大洞。在長達 30 年以上的不景氣中，企業都會逐漸喪失自信，就算景氣稍微好轉，企業也不會輕易擴大投資，即便景氣寒冬中突然有一刻迅速回溫，企業也只會告訴自己：「這都只是暫時的，不能隨便增加投資！」並親手埋葬成長的機會，這不就讓通縮的深淵更深不見底了？

透過舉例說明大家會更容易理解，假設洪吉童家前面出現了一個大坑，為了填補這個大洞特別拜託專家來施工，但是填補工程進行一個星期之久都沒辦法把洞填好，過了一個星期後洞還是跟原本一樣大，洪吉童只好又追問這些專家工程為什麼沒有進展，專家告訴他：「不管我們怎麼做，這個洞看起來都是沒辦法填好的樣子」，說這話的同時，專家就像要演示給洪吉童看一樣，往洞裡丟了一顆石頭，但石頭丟下去卻一點回音都沒有，就好像石頭永遠都碰不到洞底一樣，也就是說這洞實在太大了，無論填多少土進去都沒有用。

負債通縮所帶來的衝擊，以及因此引發的長期通縮打擊就是如此沉重，它在世界經濟上挖出一個深不見底的大洞，雖然人們已經為了填補這個大洞而撒出大把大把的錢，但還是遠遠不足以修補，這就是日本的狀況。

量化寬鬆的另一面：物價大幅上漲

我們講了很多日本的故事，現在該回到原本的問題上了。在 2008 年全球金融危機發生當時，全世界特別是美國都因為次級房貸而大幅擴大總債務，與此同時，據說從不動產開始的各種金融資產投資也都大幅增長，在那之後資產市場就全盤崩潰了。當時透過借貸來投資那些金融資產的金融機關幾乎同時面臨破產危機。

這就是所謂的全球金融危機，當時的債務通縮壓力在市場上橫行了很長一段時間。從日本的案例來看，為了擺脫這樣的狀況，各國政府和中央銀行都持續不斷地大量釋出貨幣，儘管如此，全世界經濟的大坑就像日本一樣深不可測。美國也在 2009 年、2010 年，以及 2012 年分別實施了三次量化寬鬆政策，現在就讓我們用下面這張圖表來說明（圖 6）。

聯準會在釋出貨幣時不是單純印鈔出去而已，會用公債來為印出去的錢作擔保。讓我們用較接近生活的方式思考，某天洪吉童在一張紙片上寫上 100 萬元後，就想用這張紙買下價值 100 萬元的商品，這樣當然沒有人會認可他手裡這張紙。於是洪吉童隨後又在這張紙補上「借條」兩個字，並寫下「將用自己的住家作擔保」的句子。

儘管他這樣做還是讓人覺得可疑，但總是比拿出只寫上 100 萬元的紙更值得採信。貨幣也是一樣的，與其只是憑空印出錢來，如果能拿什麼東西做擔保再印鈔當然更有保障。以前會用黃金來為鈔票擔保，也就是所謂的金本位制，等於限制一個國家所發行的金錢總額要

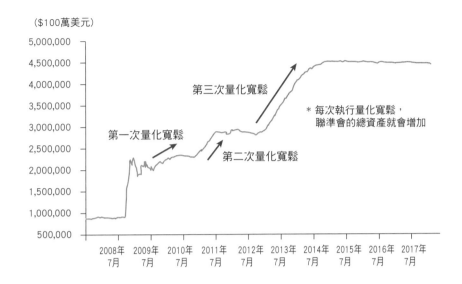

（$100萬美元）

圖 6 ‧ 美國聯準會的總資產（2007 年～ 2017 年）

為了方便理解，可以聯想一下聯準會會根據未來要發行的錢，在「聯準會」這個銀行金庫裡，存放相應總額的長期公債，因此執行量化寬鬆政策，聯準會的總資產就會增加。全球金融危機之後，聯準會透過三次量化寬鬆政策大量買進公債，聯準會的總資產因此在 2017 年達到 5 兆美元的水準，反過來說，有多少公債被聯準會買進，就有多少錢被印出去。

和該國所持有的黃金總量一致。而現在中央銀行印鈔不再只用黃金來擔保了，也會用公債來做保證。換句話說，也就是中央市場將在公債市場上購買正在交易的公債，預計買進多少的公債，就印出多少錢，這樣就能用那些買進的公債做擔保，實現對市場放錢的效果。

　　中央銀行負責釋出貨幣到市場上，至於代價就是把公債買回來，這些買回來的公債勢必要累積存放在某個地方——是的，就是存放在美國聯準會的金庫裡。上方看到的圖比喻著聯準會的資產負債表，等於也公布了它那座金庫裡究竟堆滿多少公債。我們可以在 2008 年、2009 年、2010 年，以及 2012 年皆看到公債大幅累積的現象，這個就是所謂的中央銀行放錢，也就是「量化寬鬆政策」。然而這麼做難道不會帶來任何後果嗎？放出來的錢有多少，美國的物價應該也會跟著漲多少……先來看看這張物價圖吧（圖 7）：

　　看這張圖的時候會發現，在金融危機以後就很難看到明顯的物價上漲趨勢，就算聯準會積極撒錢，但效果都很短暫，物價只有在撒錢

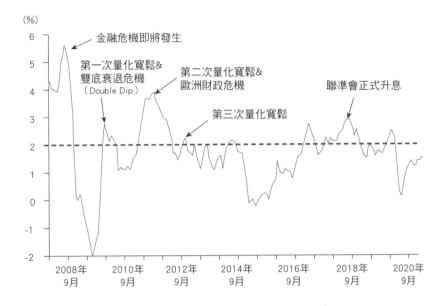

（%）

- 金融危機即將發生
- 第一次量化寬鬆&雙底衰退危機（Double Dip）
- 第二次量化寬鬆&歐洲財政危機
- 第三次量化寬鬆
- 聯準會正式升息

2008年9月　2010年9月　2012年9月　2014年9月　2016年9月　2018年9月　2020年9月

圖7・美國消費者物價指數（2008年～2020年）

消費者物價指數是一個比較指標，比對今年度與前年度當期物價，顯示該固定期間內物價上漲了多少百分比的指標。2008年9月金融危機即將發生之前，美國消費者物價指數幾乎比前一年同期上升6個百分點，在那之後則受到金融危機的衝擊而大幅下滑。後來在經歷三次美國量化寬鬆等振興政策的推波助瀾下，物價開始出現起起落落的不穩定趨勢，儘管當時實施的振興政策強度都相當高，但物價指數還是只在金融危機落幕後的2011年一度反升至4個百分點，其餘大部分的時間都停留在比聯準會設定的目標——2%更低的水位。

時出現漲勢，隨後很快又降了下來，接著再釋出貨幣的時候，物價又會出現一陣子的漲幅，但也維持不久，就這樣反覆起起落落下去。在面對通貨緊縮威脅的局面下，聯準會的確為了叫醒通膨而付出種種努力，但總事與願違。

　　前面已經說明，為什麼被封印在神燈中的「神燈精靈」──通貨膨脹──在金融危機之後幾乎不曾出現，其實在上述原因之外，也有很多讓通縮壓力長期持續的原因，但在這裡我想大膽省略那些原因，主要說明那些與眼前通膨有關的因素。緊接著讀者們的腦海中應該還會再浮現一些疑問對吧？──像是「現在的通膨氣勢為什麼會這麼強勁？之前聯準會不管怎麼放錢出來都沒有出現的通膨，是因為什麼情況復活了？」我將在下一章解答這個問題。

第 5 章

發錢紓困反而製造混亂？

|撒錢、撒錢、大撒錢|

新冠疫情真可說是史無前例的大衝擊，全球金融危機以來，各國政府為了提振經濟已經累積了許多債務，在負債高昂的狀態下又因為新冠肺炎使得世界經濟的運轉被迫停滯下來。眼下明明需要靠經濟活動賺錢，才能支付債務的利息，但偏偏出現這個意料之外的變故，讓經濟活動無法施展，眾多企業和店家只能面臨倒閉的命運，而當無數企業和店舖破產之後，貸款給企業和店家的銀行等金融機關，以及股市和債權投資人都會跟著崩盤。緊跟著新冠肺炎所造成的實體經濟危機，巨大的金融危機迎面而來，2020 年 3 月全球金融市場一言以蔽之——只能用混亂來形容。

　　因此全世界政府和中央銀行都不得不出面迎擊，特別是美國聯準會更是咬緊牙關挺身而出，雖然聯準會不是醫生不能治療病毒，但至少可以為企業爭取一點不會破產的時間，率先採取無限制的流動性供給措施來避免經濟主體因為負債而破產，為了弱化實體經濟與金融市場所承受的疫情衝擊，中央銀行可以說是使盡全力。前面曾提到量化寬鬆政策，就是中央銀行透過買進公債的代價來印鈔供應給市場，聯準會一路以來就是利用這種無限制的量化寬鬆政策來為市場供錢，正如同這裡的敘述包含「無限制」這個關鍵字，這次撒出的現金量以及

聯準會所買進的公債規模，都遠遠超出金融危機之後所實施的第一至
第三次量化寬鬆（圖8）。

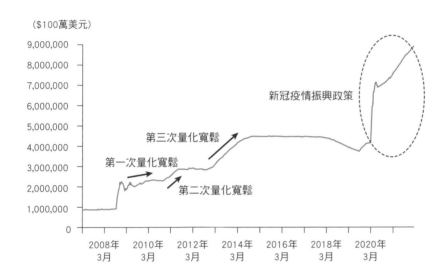

（$100萬美元）

新冠疫情振興政策

第三次量化寬鬆

第一次量化寬鬆

第二次量化寬鬆

2008年　2010年　2012年　2014年　2016年　2018年　2020年
3月　　3月　　3月　　3月　　3月　　3月　　3月

圖 8 ‧ 美國聯準會的總資產（2007 ～ 2022 年）

在新冠疫情定調的 2020 年 3 月之後，美國就採取了大規模的量化寬鬆政策，這使得聯
準會的總資產以更大的幅度快速擴大。在「圖 6」中，聯準會總資產曾一度衝上 4.8 兆美
元，但在 2021 年之初，聯準會總資產就已經增加到 8.8 兆美元，從這裡我們可以知道，
在很短的時間內有相當大的資金傾注市場，顯示這波振興政策有多麼地史無前例。

因應新冠肺炎史無前例的量化寬鬆規模

　　這不是好像在哪裡已經看過的圖嗎？沒錯！這就是前面各位已經看過的聯準會資產走勢圖，在「圖6」上追加了新冠疫情開始後到2021年年底的狀況。從前面那張圖我們可以看到，聯準會三次對外大量釋出貨幣的時期，也就是聯準會以量化寬鬆政策購入大量公債的歷史，只是當我們再把新冠疫情以後的狀態放進去看，就會發現前面看起來規模很大的第一次至第三次量化寬鬆都不算什麼，反而讓人覺得2020年初以後的量化寬鬆規模才真的稱得上龐大，累積資產的速度更是驚人地快。

　　你想的沒錯，就像前面所說的，為了迎擊新冠疫情這個空前絕後的事件，美國聯準會所採取的振興政策比以往都還要強勢。新冠疫情發生之前，聯準會的資產負債表還只落在4.8兆美元的水準，到了2021年底已經衝上了8.8兆美元，這表示在那段期間中聯準會購入了同等規模的公債，並且在大量購買這些公債的過程中也印了總額不相上下的現金，大量供應到了市面上。

　　另外再補充一點，不是只有聯準會在實施這樣的無限制量化寬鬆政策，包括歐洲中央銀行（ECB）、日本中央銀行（BOJ）、英國中央銀行（BOE）、加拿大中央銀行（BOC），以及澳洲中央銀行（RBA）與紐西蘭中央銀行（RBNZ），都分別採取了比過去規模更大的資金支援，儘管程度上各有不同。

　　好了，就讓我們在這裡做個小結，從新冠疫情開始到現在，各國

中央銀行都為了克服危機，紛紛在更短的時間內實行了比過去更大規模的流動性資金供給，記得這一點之後，請再跟我一起進入下一小節。

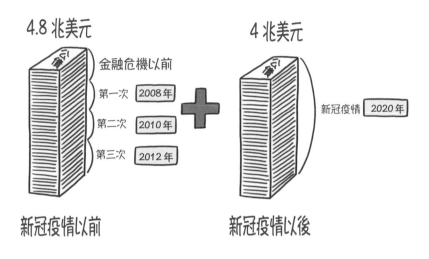

美國政府狂發現金，為什麼無法刺激消費？

　　中央銀行購入公債來進行流動性供給的政策也被稱為「貨幣政策」，貨幣政策有升降息，以及在市場上控制流動性鬆緊程度的效果。然而中央銀行並沒有辦法針對特定人士或機關發錢，也就是說，中央銀行不能在升降息的時候說要給洪吉童漲 0.25%、給春香漲 0.5% 的利率，然後隔壁少爺日子過得比較辛苦，這次利率就不給他漲了……中央銀行當然不能這樣做，所以就是維持利率調漲 0.25% 時，所有人的貸款利息都會跟著漲 0.25% 的結構，簡單來說就是銀行在流

動性供給這件事上不能有差別待遇。

　　然而在新冠疫情波濤之下，當然有比其他人更煎熬的經濟主體存在，他們因為疫情的因素可能面臨落入社會底層的命運，這時候當然會覺得他們需要更多的支援來關懷對不對？大型企業雖然也都受到疫情衝擊，但和大型企業相比，一般民眾所受到的影響更大，所以美國政府也站出來推出另外的振興景氣政策。中央銀行出面透過貨幣供給來振興景氣，就是所謂的貨幣政策，而由政府出手發給個人補助金、積極援助大眾的行為就被稱為「財政政策」。

　　2020 年 2 月新冠肺炎疫情開始的時候，美國總統還是川普，在川普政府時期，已經透過 2 兆美元以上的財政振興政策來阻止實體經濟萎縮的危機。當時聯準會實施無限制的量化寬鬆政策，而川普政府則

採取 2 兆美元的財政資金支援，雙管齊下為景氣紓困。先來看看當時的輿論報導：

　　為了因應新型病毒 Covid-19 新冠疫情，美國川普政府準備了 2.2 兆美元規模的紓困方案，此方案在當地時間 27 日完成立法程序正式生效。根據 CNN 及路透社的報導，川普總統在美國白宮辦公室簽署了這項法案。

　　川普總統透過推特表示：「我剛剛簽下了美國歷史上最大規模的紓困法案！」，「這個法案將用 2.2 兆美元為家庭、勞工、企業等對象提供緊急支援。」

　　美國推出史上最大規模的景氣紓困政策……大撒現金：這次被稱為「新冠疫情援助、救濟和經濟安全法」（The Coronavirus Aid, Relief, and Economic Security Act, ActCARES）是針對疫情下，面臨生計困難的個人及企業推出的財政援助政策，是有史以來規模最大的單一紓困政策。

　　法案在 25 日在美國參議院全場通過，並於今天跨過了眾議院的門檻，本法案主要側重以下項目：

　　△提供個人與家庭的現金支援共 2,500 億美元；△實業保險優惠擴大至 2,500 億美元；△州、地方支援共 1,500 億美元；△醫院補助 1,300 億美元並且為了救助航空等受到新冠疫情直接衝擊的產業，本次紓困案也設立了 5,000 億美元規模的流動性基金，並投入 3,770 億

美元援助中小企業。紓困案向美國國民大量撒出了美元現金，成人依據所得最多可以領取 1,200 美元的補助金，夫妻可領取 2,400 美元、年幼子女每人另額外補助 500 美元。

然本紓困案援助的對象將排除年所得超過 9.9 萬美元的個人。

— 《News 1》，2020/03/28

加碼再加碼，狂灑近 5 兆美元振興經濟

新聞刊出的 2020 年 3 月 28 日應該就是金融市場受到新冠肺炎的極大衝擊，還沒辦法逃出生天的時候了。川普政府在當時發表了 2.2 兆美元規模的紓困政策，發給每位美國公民一人 1,200 美元的資金，藉此阻止消費萎縮的發生。現在回頭看，雖然那時候美國政府的資金支援規模龐大是事實，但直到當下為止，仍發布過其他紓困政策。再看到以下報導。

— 美國公民每人 600 美元……美決議再祭出 9,000 億美元紓困

今年 4 月以來，美國朝野兩黨為了諸多新冠疫情紓困案針鋒相對，最終總算達成協議，核准規模高達 9,000 億美元的第五次景氣紓困

案。上個月選舉中在眾議院與白宮大獲全勝的民主黨也預告，將在隔年拜登政府上任時推出額外的紓困政策。（中略）這次的紓困案包含第二次災難補助金的預算，將發給美國全體國民補助金每人 600 美元。美國政府早在今年 3 月已經推出過第一輪景氣紓困案，發給每位公民補助金 1,200 美元，這次的金額則減了一半。關於此次新冠疫情相關的每週失業補助（600 美元），朝野兩黨共同決定將延長實施到明年 3 月 14 日為止，總計延長 11 週，而失業補助延長期間內，除了原本的週失業 600 美元補助，同期的失業補助還將額外增加 300 美元。本次紓困案預算包含 1,500 億美元規模的航空業雇用補助金、2,800 億美元的薪資補助計畫預算，另外也涵蓋學校經營與兒童相關的預算分別為 820 億美元及 100 億美元。

——《財經新聞》（*Financial News*）2020/12/21

　　前面提到美國在 2020 年 3 月發表了第一輪紓困案，發給每位公民一人 1,200 美元水準的現金補助，整體來說是大開國庫放出了 2.2 兆美元的現金，積極避免疫情衝擊對景氣造成的影響，而到了迫近 2020年底的時候，這些紓困政策的效果已經逐漸稀釋失效，川普政府又決定推出額外的振興政策，就是上面那篇報導出現的 9,000 億美元紓困案。雖然和先前的 2.2 兆美元紓困案相比（每位公民各獲得 1,200 美元）規模較小，但 9,000 億美元也等於是折合元超過 1,000 兆韓圜（注：依當時匯率，約合新台幣 27.1 兆元）的巨額。而且即便 2020 年 12 月都這樣大撒

過一番資金了，美國推出的景氣紓困政策卻沒有在這裡止步，在川普政府之後上任的拜登政府，也在就職之後便馬上發表了新的紓困案。

> ─ 拜登發表 1.9 兆美元景氣紓困政策……每位公民可獲得 1,400 美元
>
> ─《SBSBiz》2021/01/15

2021 年 3 月 11 日通過了 1.9 兆美元的追加紓困案，也就是決議再發給每位美國公民 1,400 美元的現金，結算至今就是每人可獲得──2020 年 3 月的 1,200 美元、2020 年 12 月的 600 美元，以及 2021 年 3 月的 1,400 美元，總計三次分發輔助金，總額為每人 3,200 美元，用韓圜來換算就是每人領取超過 350 萬元（注：約合新台幣 9.6 萬元）的現金，其他還有失業補助與養育子女相關的現金補助，美國政府在新冠疫情發生以來，支出的資金補助金額可謂天文數字，而且這還沒完，再讓我們看下一個新聞標題：

> ─ 美國白宮續推 2 兆美元紓困案，準備展開 3 兆美元基建計畫
>
> ─《聯合新聞》2021/03/23

是的，1.9 兆美元還不是終點，2021 年 3 月，拜登政府預告將為了重建基礎建設支出 3 兆美元，以及支援其他社會福利花費 1 兆美元以上的預算，總計將祭出總額高達 4 兆美元以上的追加紓困案。儘管

這個 4 兆美元的追加紓困案在公開之後就不停遭到各界抨擊，認為程度實在太過誇張，最終未能順利推動，但有件事卻是肯定的，那就是美國在疫情期間內的確實施了幾項史無前例的大規模紓困案。

薩默斯的建言：「浴缸裡面水放太多會滿出來！」

這些前所未有的大規模紓困案，就這麼聯合中央銀行的無限制量化寬鬆政策一次倒了出來。只是這些紓困政策也不是那種透過擴大基礎建設投資來創造工作機會，讓勞工有工作做領取報酬，藉此提升消費的間接方法，反而只是直接發現金塞進美國全體個人的戶頭裡。如果有人突然一次塞錢進你的戶頭，人們可能隔天馬上就出門花錢購物，這樣美國的一般消費不就會突然暴增了嗎？就讓我們用圖來驗證（圖9）：

在「圖9」中橘黃色的線是顯示 2012 年以後美國國民個人的消費支出金額的「個人消費支出物價指數」（Personal Consumption Expenditures，PCE）。這個消費金額會隨著美國經濟規模的成長而緩步增加，現在就讓我們仔細看看 2020 年之初的消費指數吧，從這張圖我們可以看到，在新冠疫情爆發初期，美國個人消費指數曾一度大幅衰退，之後又以極大的幅度重返軌道，2021 年開始時則又再出現一次強烈的躍升。如果我們畫出 2012 年以後的趨勢線（圖上的紫色虛線）就會發現，如果沒有新冠疫情，個人消費指數應該會像以前的趨勢一樣一路往上走，能大概掌握支出的增幅。

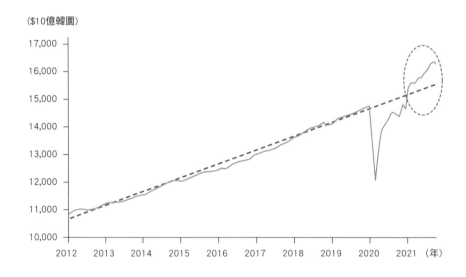

($10億韓圜)

圖 9 · 美國個人消費指數趨勢圖（2012 年～ 2022 年）

我個人認為這張圖是這本書中最重要的圖之一，如果消費水準長時間一定地程度持續增加，那消費增長的趨勢就能夠被預測，供應端也能根據這種消費的增長趨勢提高產量，但新冠疫情引發的消費量能驟降，以及在那之後基於沒有前例可循的紓困政策而爆發的消費潮，以及已經大幅偏離過去趨勢的需求爆發都引發了相對的供給失能，一連串的因素也導致了物價的上揚。

　　不過至少透過這張圖，我們可以知道在 2021 年以後，美國的個人消費指數和以前的趨勢相比，增加的幅度更大，這也表示這段期間美國的消費支出力道很強。

　　當美國的消費指數以極大的幅度快速增加，物價上漲的壓力會跟著加劇嗎？現在的我們當然會這樣想：「物價漲上去的話，通膨的壓力自然也不容小覷了」，但 2021 年一開始，一般大眾多半還沒想到通

膨會演變成這麼大的問題，僅管如此，當時也已經有部分學者發出了嚴肅的訊息，警告大家這次的通膨問題並不尋常。

2021 年年初在拜登政府正在籌備 1.9 兆美元的追加紓困案時，曾經擔任美國財政部長的薩默斯（Lawrence Summers）就曾經表態說這個紓困案實在太過頭了，他警告先前已經傾倒出那麼多錢了，如果這時候還繼續發出幾近第二次世界大戰規模的資金，那讓錢的價值下滑的通膨現象將會變得更強勁。他同時也提到應該採取適當程度的景氣振興政策，關於他的想法，我們可以透過這篇報導來進一步了解：

薩默斯在 5 日（當地時間）於華盛頓郵報上刊載的文章中提到：「拜登總統推出新冠紓困輔助案達 1.9 兆美元規模，是美國歷史上最大膽的總體經濟穩定政策」，「但正因為這個措施非同小可，就需要更謹慎的風險管理」他如此說道。

在歐巴馬政府時期也曾擔任國家經濟委員會（National Economic Council）委員長的薩默斯表示，1.9 兆美元水準的紓困案規模是太過頭了，美國政府先前為了克服金融危機的景氣停滯，推出的紓困政策大約只填補了國內生產毛額（Gross Domestic Product，GDP）缺口的一半就停止了，但這次的紓困案卻幾乎是填補了 GDP 缺口三次，規模非常大。這裡指的 GDP 缺口，即潛在經濟成長率和實質經濟成長率的差距。

— 《聯合 Infomax》，2021/02/8

這篇報導的第一段話並不難理解，就是在說美國史上最大的經濟措施出現了，但第二段開始就比較生硬了，這裡出現了「GDP 缺口」這個奇怪的單詞，不過先不要慌！與其了解 GDP 缺口的概念是什麼，不如把重點放在了解薩默斯講這段話的意圖。GDP 缺口在辭典中的解釋是「實質 GDP 成長率扣除潛在 GDP 成長率得出的差」，但在這篇報導中，薩默斯似乎沒有運用原本的定義，反而反過來用潛在 GDP 減去實質 GDP 來說明時下的現象，不過這個算法不會影響我們理解事實，所以就讓我們順著薩默斯的話來看。在下一章我也將和這篇報導一樣，將 GDP 缺口當作「潛在成長率和實質成長率的差異」來做說明，難度可能會稍微有點高，所以請容我提醒大家放慢速度，仔細閱讀。

不尋常的紓困，帶來不尋常的通膨

先簡單說明 GDP 這個單詞，指的就是企業製造出了某種具有價值的產品，表示企業透過生產活動推動經濟成長。另外我們也經常看到 GDP 後面還緊接著「生產率」這個詞對不對？用來顯示「國內總生產量增加多少比率」的值就是「GDP 成長率」……這邊我們先全部省略，直接簡單把「GDP 成長率」這個詞簡化成「（經濟）成長」這個詞，就算省略了也不妨礙理解，在這裡就先把 GDP 成長率理解成實質成長率、將潛在 GDP 成長率理解成潛在成長率即可，當然你可能會有很多疑惑，「實質」是什麼？「潛在」又是什麼？接下來我將會

繼續說明。「實質成長率」是特定國家經濟所實際創造出的成長率；「潛在成長率」是推動特定國家經濟成長到最大程度的潛力。這部分有點難，讓我試著用人的身高來比喻：

洪吉童這個小朋友現在 15 歲，照常理來看應該還會長高，他現在的身高是 170 公分，對他來說如果能再長到 185 公分就太好了。

但據說無論他再怎麼長高都很難超過 180 公分，這表示洪吉童長高的空間到 180 公分就停了，所以在考慮潛在成長時，他的身高就是最大為 180 公分，最多可以再長高 10 公分的意思。

在這裡我們再假設兩種狀況：首先洪吉童的家境比較困難，因為沒錢所以他常常有一餐沒一餐，後來就因為沒有辦法好好補充營養，所以原本預計可以長到 180 公分高的孩子，最後只能長到 177 公分高。雖然從潛力來看他還可以再多長高 10 公分，但他只吸收了讓他長高 7 公分的營養。這時候洪吉童的父母就出現了這樣的想法：「唉……我們多讓他吃一點的話就好了……那時候環境再怎麼不好也應該捨得花錢餵飽他才對……。」

這裡我要再借用一個比較困難的概念，這裡我們說可以再長高一點的最大潛在力，也就等於是 10 公分這麼多的潛在成長率，但結果我們都知道了，實際上經濟最後只能成長 7 公分……明明還可以再長高 3 公分，還真是可惜。所以這時候就很有必要大膽地實施一些景氣紓困政策來刺激那個隱藏的 3 公司成長。潛在成長率（10 公分）比實質成長率（7 公分）還要大，那麼潛在成長率扣除實質成長率是不是就是 GDP 缺口──10cm 減掉 7cm，等於 3cm ？明明可以用更強的景氣振興政策來實現額外經濟成長，真是可惜。

好了，現在讓我們來假想第二種情況吧：洪吉童家裡環境不錯，並且全家都真心希望洪吉童可以超過 180 公分，最好能長到 185 公分高，所以全力支援他成長，準備了豐富到洪吉童幾乎沒辦法消化的食物，營養成分幾乎可以讓他長出 15 公分高。但在家人這樣大力支援之下，他的身高究竟能不能長到 185 公分？洪吉童的潛在力是 180 公分，也就是還可以從目前的 170 公分再長高 10 公分，但家人準備給他的食物量是足夠讓他長高 15 公分的，這樣做他就能突然抽高到 185 公分嗎？可惜的是，180 公分的確就是他的極限了，那這樣家人一邊期待他會再多長高 5 公分而塞給他吃的大量食物會變成什麼？對呀……這些都會變成肥肉，只有體重會增加。

那我們就把這個概念帶回經濟的領域，潛在成長率是 10 公分，實質成長率則是 15 公分，那麼 GDP 缺口是多少？沒錯！就是 10 公分減 15 公分，等於負 5 公分，意思是吃太多了，吃太多的話就會變胖。如果我們用經濟觀點來看，就是有超出實際需要的需求暴發，而暴發

出的需求超出了該國經濟可生產的潛在生產量極限，也就等於是製造了通膨。對，像那樣實質成長率大幅超出潛在成長率的狀況，就必然會引發通膨的發生。

好了，既然已經學了實質成長率、潛在成長率，以及 GDP 缺口這幾個概念了，是不是就比較能了解前面引用的新聞了？就讓我們再讀一下剛剛有很多疑問的第二段：

在歐巴馬政府時期也曾擔任國家經濟委員會（National Economic Council）委員長的薩默斯表示，1.9 兆美元水準的紓困案規模是太過頭了，美國政府先前為了克服金融危機的景氣停滯，推出的紓困政策大約只填補了國內生產毛額（GDP）的缺口的一半就停止了，但這次的紓困案卻幾乎是填補了 GDP 缺口三次，規模非常大。這裡指的 GDP 缺口，即潛在經濟成長率和實質經濟成長率的差距。

——《聯合 Infomax》，2021/02/8

這段就是在說拜登政府所推出的 1.9 兆美元紓困案規模太過誇張了，這麼一來實質成長率，換句話說就是餵進去的食物量已經比洪吉童的潛在能力更高的程度了。

再稍微補充來說，這篇報導也提到了全球金融危機當時的舊事，當時歐巴馬政府推出的景氣振興政策占了 GDP 缺口的一大半，為了方便理解，我們就再用潛在成長率 10 公分、實質成長率 5 公分來說吧？這樣 GDP 缺口就是正 5 公分，為了再長高一點就要再多吃一點對吧？用經濟觀念來說就代表著需要更強勁的振興政策來催化，這篇報導提到歐巴馬政府當時透過景氣振興政策，填補了 GDP 缺口一大半之後就停了，也就是說，歐巴馬政府提供的經濟振興政策足以填補這 5 公分缺憾所需要的大半養分，也就是相當於 2.5 公分的營養。

更重要的部分在後面的段落出現了，我們看到報導提到最近的紓困政策幾乎是填補了 GDP 缺口三次，規模非常龐大。對，剛剛說要

填補 5 公分的缺憾，填補了三次表示採取了足以讓洪吉童長高 15 公分的紓困政策，這樣對嗎？那就是說 GDP 缺口是 5 公分，但拜登政府卻果敢地布下了可以長高 15 公分這麼強的景氣紓困政策，這樣洪吉童就可以長高 5 公分達到他的最高身高了，但這樣卻還有 10 公分會剩下來，這會變成怎樣呢？對，就是都會變成肥肉，不是會如願再長高，而是變胖。用經濟的話來說，就是引發通膨，薩默斯其實是在警告這一切會演變成相當程度的通貨膨脹。

「金融危機那時候大膽地實施了景氣紓困政策，但物價也沒有因此上升，但為什麼現在的紓困政策卻會讓物價上漲呢？」針對這個問題，薩默斯是這麼回答的：大家會覺得金融危機當時實施的紓困政策規模很大，但其實以當時的情況來看是略顯不足的程度，但現在實施的紓困案卻是當時都無法比較的龐大規模。

這番話其實就是在警告大家，現在的紓困程度可能會引發通膨，這篇報導是在 2021 年 2 月報導的內容，代表在物價大幅上揚之前，薩默斯等專家學者就已經懷有對通膨的警戒心了，這也表示專家普遍認為通膨是過度的紓困政策所造成的後果。

還記得前面章節提到的大坑比喻嗎？了解一下才知道原來洪吉童家前面的大坑是冰河裂隙（Crevasse，指冰河劃開所產生的狹窄、深邃的洞），洞窄且深，必須要用填土的方式才能補得起來，在這個狀況下大家竟然變得非常大膽：「就把前面那座山全部都削下來填，不惜各種手段都要填好這個洞！」就這樣，有人向工程單位下了這個委託，真的把前面的山都削了下來，用那些土來把冰河裂隙給填好了，因為砍下來的土超過那個裂縫的大小，所以填好洞之後家門前的大洞消失了，取而代之的是一個小土坡，但這時候人們卻還沒有要停的意思，還繼續往那個小土坡倒土上去——這就是過度的紓困政策讓通膨復活的核心概念。

葉倫對通膨的建言

那寫出這些景氣紓困方案的主角——美國白宮和財政部對於薩默斯的這番發言又展現出了什麼樣的態度呢？現任美國財政部長葉倫（Janet Yellen）這麼回答：

對於前財政部長薩默斯的擔憂，現任財政部長葉倫的回應是沒有擔心的必要。她出席了 7 日播放的 CNN 節目，在節目上表示「我們沒有理由要在這樣漫長又緩慢的恢復過程中受苦，這個景氣紓困政策會帶我們走回『充分就業』（Full employment）的階段。」表達響應紓困案的立場。

—《東亞日報》，2021/02/8

用一句話來說，就是葉倫財政部長用「庸人自擾」來回應薩默斯前財政部長的擔憂，也是「不要擔心這麼多，這些都是為了帶領美國經濟走向強勢成長的紓困政策，大家就接受吧！」的意思，結果在 2021 年 4 月至 5 月，美國就迎來物價急遽攀升的狀況。

鮑爾對通膨的想法

　　美國政府是其中一個負責編寫景氣紓困政策的主體，前面我們已經看過他們面對學者對通膨的警告時有什麼回應了，財政政策當然是由美國的行政機關負責制訂；而作為景氣紓困案中另一項重點的貨幣政策，則是由美國的中央銀行聯準會主導。剛剛說過聯準會具有維持物價穩定的使命，在面對強勢紓困案所觸發的物價上漲趨勢，聯準會當然必須透過升息來積極抑制通膨的過度發展。然而實際上聯準會展現出什麼樣的態度？讓我們來聽聽聯準會主席鮑爾（Jerome Powell）的發言：

> 美國聯準會主席鮑爾認為物價雖然會出現漲幅，但會是一次性的現象（One time effect），鮑爾主席在今日與《華爾街日報》（*The Wall Street Journal*）的視訊會談上表示：「經濟活動重啟的基數效應（Base Effect）可能帶來物價上升的壓力」，並且進一步說明道：「我很清楚 1960 年代和 1970 年代發生的高通膨現象，但現在的狀況並不相同」、「面對一時的通膨現象，我們必須要懷抱多一點耐心。」
>
> ——《首爾經濟》，2021/03/5

　　首先美國聯準會曾經在物價急遽上漲之前的 2021 年 3 月，為了控制物價確認不會斷然升息。「咦？物價明明正上漲得飛快，且幅度很

大，為什麼還不趕快升息？」為了安撫大眾的好奇心，他才做出這番答覆：「現在物價強勢上升只是一次性的單一現象，不需要過於擔心。」另外讀者在讀這段引文的最後一句時會發現，聯準會與其立刻站出來調高利率來控制一時竄升的通膨現象，反而表示會抱持耐心好好觀望未來發展，意即會慢慢觀察再考慮看看，且已經放下了對通膨的警戒心。然而時間來到了 4 月，物價的漲勢卻更加陡峭，針對這個現象鮑爾主席也做出以下回答：

> —美國聯準會主席鮑爾：「就算美國經濟回溫，今年也不會升息」
>
> —《News 1》，2021/04/12
>
> —鮑爾：「通膨是一時的⋯⋯從長遠面來看會掉回 2%」
>
> —《聯合新聞》，2021/06/22

以上是物價漲勢變得非常強烈的 2021 年 4 月和 6 月的新聞標題，從這裡我們可以得知美國聯準會主席繼續表達相同的立場：「物價漲勢只是一時的」，並且沒有打算多考慮實施升息等緊縮政策。

聯準會是極為重視物價穩定的機構，這樣的機構為什麼會在物價漲勢明顯的狀態下甚至動用「一時的」這樣的語彙來解釋，並且展現略為安逸的態度？先不論實際的理由為何，狀況應該是這樣：

國家邊境上有經濟的崗哨，崗哨之所以存在的理由就是當有敵人擅闖國界、侵入國境內的時候可以提早察覺狀況，並且先發制人地全

面防堵敵人的入侵。現在我們可以想像通貨膨脹這個敵人就是那個越過國境的敵人，而負責提防並警戒通膨的崗哨就是「聯準會」，在這個崗哨裡頭執行監視勤務的士兵名字就剛好叫「鮑爾」。試想某天鮑爾這個全世界唯一負責警戒外敵的角色對大家這樣說：「不會闖進來的！別擔心！放寬心一點也沒關係！」結果就沒有再監視國境線，反而回頭坐下來戴著耳機聽音樂……難道不正是這個安逸的狀態和這個處之泰然的態度，讓沉睡十年以上的通膨精靈從神燈裡竄了出來？

沒有錯！拉拉雜雜寫了好長一大段。針對「為什麼物價突然開始上漲呢？」的問題，我的第一輪答覆是：「太過強勁的景氣紓困政策」

以及「物價警衛聯準會的安逸態度」這兩個答案，之後再繼續多談談其他讓物價如此強勁上漲的核心因素。

在讀這段章節的最後部分時，各位可能會出現這樣的想法：「美國聯準會為什麼會坐懷不亂？美國財務部又為什麼從頭到尾到維持樂觀的態度？」是的，下一章我就將試著回答這些問題。

第 6 章

聯準會真正的恐懼

| 通膨怪獸的真面目 |

美國聯準會主要有兩項任務，一個是最大化經濟成長，另一個則是維持物價的穩定，聯準會透過調整利率高低，以及運用量化寬鬆等能夠施展的政策來達成這兩個目標。不過雖然目標有兩個，但一般來說經濟成長和物價穩定通常都會往類似的方向發展，所以在實施貨幣政策上並沒有太大的問題。讓我們想一想，假設經濟正出現強勁的成長趨勢，這麼一來人們所得就會增加，消費也會變多，與此同時就會因為需求的增加而伴隨物價上升。也就是說，經濟成長變強，物價也會跟著上漲，成長和物價是朝著同一個方向前進。

　但如果因為物價漲得太高而讓國家經濟承受壓力時又會怎麼樣？這樣經濟成長的進程應該會變得遲緩對不對？經濟成長停滯之下，個人所得會減少，而個人所得減少也弱化了消費力道，消費降低又會跟著需求的萎縮一起引發物價下跌的現象。沒錯！經濟成長遲緩也會鋪陳出物價下跌局面。簡單來說，經濟成長強的時候物價上揚，成長力道疲弱的時候物價會下跌。

聯準會最害怕的事

為了擺脫經濟成長遲緩的現象，就需要提振景氣，而為了提振經濟，聯準會必須使出降息等釋出貨幣到市場上的政策，問題是當錢被撒出來後，貨幣的供給會大幅增加，這就有可能觸發物價上漲。只是在成長趨勢疲弱的情況下，物價也一直無法擺脫低物價的水準，所以能夠比較沒有壓力地為了振興景氣而果敢往市場撒錢；相反的例子也是一樣，當經濟成長力道增強，物價上漲的狀況持續下去，聯準會就會出來調高利率，藉此抑制過熱的景氣以及提前壓抑物價的漲勢，如此一來，景氣過熱的狀況就會稍微減緩，一面倒上揚的通膨也會跟著低下頭來，所以聯準會無須顧慮太多，就能為了克制物價以及為過熱的景氣降溫而出面實施升息等「緊縮」政策。

這些例子都可以稱做是一般的案例，但偶爾也會出現一些例外，1970 年代就屬於那種特殊的時期，明明經濟成長處於停滯狀態，但物價卻瘋狂上漲，這樣聯準會在擬定政策的時候應該要瞄準什麼地方？經濟成長停滯所以應該降息，但物價漲幅很大所以必須升息……既然如此，那是不是應該先升息再降息？……真是矛盾。最後為了抑制1970 年代嚴重的通膨現象，聯準會在 1980 年代初期調高了將近 20%的利率，大量回收市面上的資金，如此一來原本就已經很疲弱的經濟面臨更強勁的緊縮力道，當然更踟躕不前，但就算這樣也沒有其他辦法，因為如果不壓制通膨這個強敵，它可是會繼續賴著不走，讓經濟整體承受巨大的壓力。就是因為當時的痛苦回憶，聯準會才把通膨視

為最難纏的強敵，並且樹立了原則，要在通膨成長茁壯之前，就用強勁的緊縮政策挫挫它的銳氣。

然而 1980 年代聯準會實施強烈的緊縮政策抑制了通膨發展之後，一直到 2008 年金融危機即將爆發之前，才又出現一次巨大的通膨，接下來將介紹當時的故事。

石油危機召喚出通膨巨獸

2000 年代初期推動全球經濟成長的核心動力來自於中國的投資，中國為了促進投資成長，開始大量購買全世界的原物料。此時以中國為首的新興國家展現出製造業的強健姿態，對原物料的需求激增，讓長期維持在低水位的國際油價（WTI）等原物料價格開始大幅上升，這是 1970 年代以來原物料價格首次出現明顯上升趨勢的時期，讓我們看看圖 10。

國際油價在 1980 年代大跌以後，花了非常長的時間才再次回到原點，一路來到 2000 年代初期才終於揚眉吐氣，並展現出快速的漲勢，而當時美國的金融市場也正值蓬勃發展，開啟非常熱烈的全球市場流動，這波猛烈的市場流動勢必會在某處帶來明顯的成長趨勢，如此一來很自然就流向當時需求快速增加、預期價格會大幅上漲的原物料市場。此時在以中國為首的原物料需求增長與市場流通性激增之下，猛烈的資金流動密切牽動著全球的市場流動，使得全球都出現了勢不可擋的原物料漲勢。

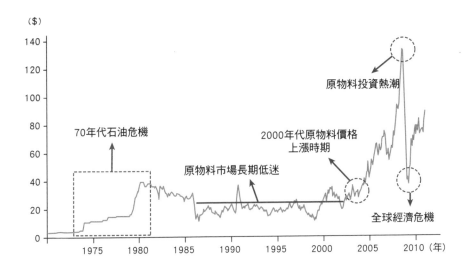

($)

140

120

100

80 70年代石油危機

60

40

20

0

1975   1980   1985   1990   1995   2000   2005   2010 (年)

原物料投資熱潮

2000年代原物料價格
上漲時期

原物料市場長期低迷

全球經濟危機

圖 10 ‧ 國際油價長期趨勢（1970 ～ 2010 年）

1970 年代的石油危機與通膨壓力致使原油價格巨幅上升，當時石油價格從每桶 2 美元→
漲至 40 美元，讓國際油價陷入一段漫長的黑暗期，這個狀況持續到 1985 年，直到當年
年底原油價格暴跌以後，國際油價才一路走低，持續到 2000 年初期為止都沒能再次輕易
越過每桶 30 美元的價格線。然而在進入 2000 年以後，中國強勢的投資成長與第二次波
斯灣戰爭、美元弱勢等因素都接連引領國際油價的上漲，推動原油價格躍上比石油危機
當時更高的價格水位。

　　時間來到 2007 年底，全球金融市場開始多少出現一些詭譎的氣
氛，隨著全球金融危機揭開序幕，金融機關開始不斷暴出經營問題，
讓金融市場的氛圍更加惡化，因為這些狀況都會為全球金融市場帶來
不良的影響，所以聯準會自 2007 年 9 月就開始透過降息來因應危機。

截至 2008 年 3 月貝爾斯登（The Bear Stearns Companies, Inc）這個世界排行第五的投資銀行宣告破產為止，聯準會採取很大的降息幅度，大力阻止經濟不穩的局面發生。

聯準會調價利率促使市場的流動性提升，而這波流動應該會自然流向某處能夠產生更高報酬的地方，但既然此時原本生意盎然的金融機關都陷入沉潛，市場就必須尋找其他投資對象。不過在這樣的情況下，原物料市場仍然保持著旺盛的活力，這讓這波被釋放出來的資金更加有力地湧向原物料市場，以西德州原油的基準，當時創下每桶 145 美元的價格，打破歷史記錄。

史上最高油價，引爆農業通膨

在創下史上最高記錄的國際油價帶動下，全世界的原物料價格也出現了大規模的漲幅，在農產品價格激增之下，甚至還出現「農業通膨」（Agflation，指隨著農產品價格上升而出現通貨膨脹現象）這個新名詞。

原物料價格激增的餘波讓全球經濟都面臨強大的通膨壓力，但面對這樣高漲的通膨壓力央行又應該如何因應？對，儘管實體經濟衰退的趨勢大不可擋，但由於聯準會把通膨視為一大強敵，在把重心放在控制物價之下，遂停止實施以提振經濟為目的的降息政策。實際上當時面臨金融機關破產、房地產價格暴跌的美國採取了停止降息等消極的因應方式就停了，但歐洲央行與韓國銀行卻還進一步實施升息政策，2008 年 8 月韓國銀行就為了穩定物價決定將基準利率調升至

5.25%，追加 0.25 個百分點。

不過如果好好查看這個時間點，升息的時候是 2008 年 8 月。另外提供給各位參考：當時揭開全球金融危機序幕的是世界第四大投資銀行雷曼兄弟的破產，是在 2008 年 9 月 15 日發生的事。原來在金融危機即將爆發之前，歐洲央行與韓國銀行都分別調高了基準利率，美國則是停止了降息，如此一來市場也就失去了中央銀行所提供的流動性，承受的壓力更大了，於是在各界憂心經濟成長停滯的狀況下，物

價就上漲得更高，而這種高昂的物價水準等於是在已經開始惡化的市場背後放冷箭……沒錯，當時的市場充斥著多重不利因素，包含原本就非常艱困的實體經濟環境、金融市場流動性的緊縮，以及物價飆升的現象，最後再也承受不住的實體經濟隨著雷曼兄弟破產急遽崩塌。

　　當金融危機在 2008 年 9 月正式揭幕時，實體經濟也不出所料開始迅速冷卻下來，那麼原本對原物料的需求又變得怎麼樣了？時值原物料價格直衝天際的時候，支撐在其下方的實體經濟卻正陷入全面崩盤的狀況，底盤既然已經不見了，價格頂天的原物料跟著暴跌。觀察 2008 年的國際油價趨勢便會發現，曾經一度衝上每桶 145 美元的國際油價，在金融危機之後就迅速跌至每桶 33 美元。在原油價格衝上每桶 100 美元以上時曾一度承受龐大通膨壓力的實體經濟，又在原油暴跌至每桶 33 美元的情況下，強烈地迎接通縮暴擊。

　　對我個人來說，當時的情境也讓我印象深刻。當時的我一直反覆出現這樣的念頭：「如果能在 2008 年 8 月以前控制好通膨就太好了。先控制好通膨，中央銀行才能毫無顧慮地降息、積極投入景氣振興，通膨真是個頭痛的問題……」接著很快就在雷曼兄弟破產之下進入金融危機的時期，這時候又要開始擔心經濟大蕭條之後首度出現的大規模通縮戰爭了。

　　通貨緊縮這個大怪物，是我只在探討經濟大蕭條時期的書上才看過的東西，要不然就是在聽到日本泡沫化的例子後才會對自己說：「原來日本住著那樣奇怪的怪物啊」，那些始終像是傳說中才會聽到的故事，感覺有點事不關己，好像敵人總是只跨越東部戰線，所以戰力都

集中在東部一樣，而那次是百年來西部戰線第一次有怪物上岸的感覺，真的讓我非常驚慌失措。

當時為了控制通縮，聯準會大膽地將基準利率降至 0%，透過史無前例的大型量化寬鬆政策來對市場大量釋出現金……哇！寫到這裡我突然整個回憶起當時的畫面了，不過我個人的牢騷當然一點都不重要，當時央行在長期擔憂通膨的狀況下突然目擊全球經濟的崩潰，因此深受通縮的突襲。當時的狀況，至少對中央銀行來說，應該留下非常痛苦的回憶才對。而類似的事情在 2011 年也發生了，請讓我引用幾篇新聞來說明：

> — 美國消費者物價指數達到 13 年來最高水準
>
> > ——《京鄉新聞》，2021/07/01
>
> — 中國，8 月生產者物價指數上升 9.5%，「13 年來最高」……全球
>
> 通膨持續中 ——《首爾經濟》，2021/09/09
>
> — 銅價一時突破 1 萬美元……接近史上最高價
>
> 根據彭博等媒體報導，國際銅價在 29 日（當地時間）創下每公噸
>
> 1 萬美元記錄。
>
> 倫敦金屬交易所（LME）的三個月期銅價比前日收盤價高漲
>
> 1.3%，相隔十多年首次觸及每公噸 10,008 美元的記錄。
>
> 此前歷年銅價最高記錄為 2011 年 2 月所創下的 10,190 美元。
>
> > ——《聯合新聞》，2021/04/30

這裡引用了三篇新聞，前兩個描述美國與中國的生產者物價指數分別創下 13 年來最高的記錄。順便說一下，消費者物價指數顯示的是實際購物的消費者體感所能感受到的物價數字，而生產者物價指數則是製造商品的生產者在生產產品時所感受到的物價，把生產者物價指數簡單想成各種原物料的價格就可以了。這裡引用的報導都描述了中、美等大部分的國家在 2008 年當時承受了相當大的通膨衝擊，而 2021 年下半期國際通膨水準又再次回到當時的景況。而最後一篇報導則讓我們了解到作為國際原物料代表之一的國際銅價在 2011 年 2 月以後創下最高價的記錄，這也讓我們深深感嘆：「哇，最近的原物料

價格漲得真多！」但這時候讓我們轉換一下思考角度如何？也就是與其說：「銅價漲得真誇張啊」，不如說，「為什麼國際銅價在 2011 年 2 月以後經過了十年才又回漲成這樣？」想接著必會出現這樣的疑問：

「過去十年中，國際銅價等原物料價格為什麼都沒漲？」

原物料價格高居不下，熱錢打造出大中國

現在讓我們再度回到 2010 年 11 月，2010 年 11 月 3 日美國實施第二次量化寬鬆政策，再度往市場放錢，當時以美國為首的全球整體實體經濟都陷入停滯，這時候放出來的錢實在很難找到可以去的地方，不過當時世界上其實也有一個市場火熱、經濟成長值達到 8% 以上的國家——沒錯，那就是中國了。

在中國政府主導之下，經濟踏上強勁的投資成長列車，這時製造業設備也正在大幅擴增中，而製造業設備廠房的擴增當然也代表著在製造產品的途中需要更多的原物料對吧？現在說到的就是由中國開始的原物料需求大幅上升時期。這裡再補充一點，各位聽說過「阿拉伯之春」嗎？那時候阿拉伯區域吹起一陣民主化的風潮，當時埃及的穆巴拉克以及利比亞的卡達菲等獨裁政權接連垮台，阿拉伯區域的緊張局勢愈來愈嚴重，國際油價等原物料價格因此再度以相當大的漲幅上升——第二次量化寬鬆所撒出的錢加上阿拉伯之春的效應連帶引發了原物料價格的大漲。

之後以極大漲幅上升的國際原物料價格又開始為國際通膨施壓，

這使得全世界國家的物價上漲，逼得歐洲央行和韓國銀行等都不得不打出升息這張牌，目標是趁早控制住物價。

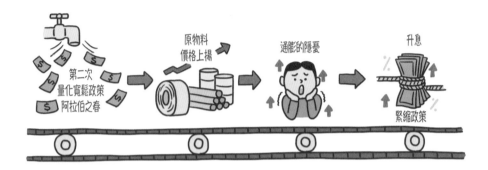

雖然各界對經濟成長停滯的焦慮並不小，但當時卻已經面臨中央銀行不得不出馬採取緊縮政策來控制物價的艱困情況。實際上韓國銀行就在 2011 年將基準利率調高為 3.25%，歐洲央行雖也正陷入歐洲財政危機帶來的不安局勢中，但也決議參與升息行動（圖 11）。

在經濟成長停滯、物價上漲的壓力激增使得各種經濟負重加劇的情況下，中央銀行更是快馬加鞭採取緊縮政策，如此一來，勢必大大動搖實體經濟與金融市場。果不其然，在 2011 年 8 月，當時可以稱得上是歐元圈經濟最疲弱不振的國家——希臘經濟率先崩潰，正式揭開了歐洲財政危機的序曲，在實體經濟的需求快速冷卻之際，原物料的價格卻一飛衝天。其實當時國際原物料價格在打破高點之後就一路呈現緩慢下滑趨勢，重新站上頂點卻又花了十年漫長的時間。在這裡我們可以參考原物料價格（圖 12）來觀察原物料價格的演變。

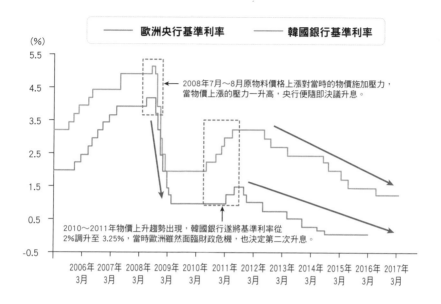

圖 11 · 韓國銀行、歐洲銀行基準利率趨勢（2005 年 3 月 ～ 2017 年 3 月）

2008 年 9 月及 2011 年 8 月分別是全球金融危機、歐洲財政危機發生的時期，兩個危機都為全球金融市場帶來巨大的衝擊。儘管如此，在這兩大重大事件即將發生之前，韓國銀行和歐洲央行都分別為了控制物價而決定升息，從這張表可以看到在升息之後，當經濟成長衰退的狀態一出現，央行又快速以降息因應。

如上面所提到的，原物料價格崩盤以後，有很長一段時間全世界都陷在所謂的「低成長・低物價」的泥淖之中。沒錯！在 2008 年與 2011 年兩次出現通膨高壓環境的時期，各國央行紛紛拿出緊縮這把劍來應付，但這次出現的通膨強度卻和過去截然不同，就好像拿雪人開刀，在雪人快速融化以後又生出了通縮這個怪物一樣，為了瓦解原物

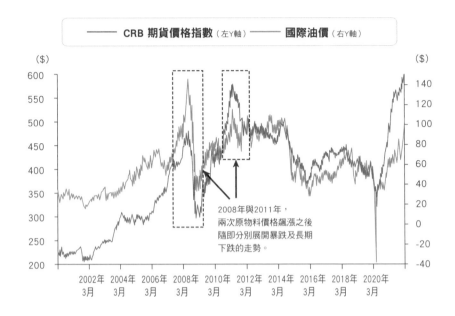

圖 12 · 國際原物料價格、原油價格趨勢圖（2000 年以降）

2008 年及 2011 年全球金融危機前後，資金往原物料市場集中的現象相當嚴重。上圖藍線所標示的 CRB 指數是綜合呈現全球原物料價格的指數，而這張圖上所呈現的內容就是在邁入 2021 下半年原物料價格飆漲期之前，CRB 指數都不曾接近過高點的過往趨勢。國際油價的記錄也去不遠，在 2008 年年中創下每桶 145 美元的記錄之後就一直維持在很低的水位。這張圖表的重點其實端看原物料價格衝上高點之後的趨勢即可，從這張圖我們可以得知，原物料價格在 2008 年與 2011 年分別留下當期高點記錄後便以極大的幅度下滑，此後便很難輕易恢復到原本的水位。原物料價格的過度上揚為實體經濟帶來負面的影響，太過高昂的原物料價格打擊了市場需求，而在那之後出現的現象就是被打趴在地的需求又出手把衝上天際的原物料價格拉回地面。

料價格攀升這個強勁的通膨現象，不顧一切照著過去的腳步咬緊牙關衝過去，卻又再度目擊雪人融化的悲劇……這樣的趨勢又一路接續到之後物價驟然上升的 2015 年。

2015 年美國升息的副作用

2015 年的年初，美國消費者物價指數出現了快速的反彈趨勢，當時美國是全世界唯一逃出全球金融危機波瀾，正在準備升息的國家。那時候的美國正處於經濟成長力道強勁、物價漲勢也很不尋常的時候，儘管同期許多新興國家的處境依然艱辛，聯準會卻已經瞄準經濟復甦的靶心，預備調高基準利率來因應。

美國調高基準利率意味著持有美元時可以獲得更多的利息報酬，既然持有美元可以獲得更多利息，那美元的需求也就自然增加了，這波美元需求的激增也使得美元變得更加強勢，最後美元強勢的現象又會轉而成為新興國家的龐大負擔。

大部分的新興國家在自己國內保留的資本都不多，也就是說，新興國家需要的是增加基礎設備的投資，因為必須先有機械設備才能製造產品出口、賺取外匯，但這些國家卻連購買基礎設備的錢都沒有，只能為了籌措資金向國外借錢。至於那些新興國家從海外借來的錢幾乎都是美元，借來的美元雖然有部分會真的用來購置國外的機械設備，但仍有相當大的部分會換匯成該國的貨幣，用來發放薪資或作為國內的設備投資之用。

只是這時候問題來了，美國決定升息，偏偏在眾多新興國家出口的對象中，作為全球主要需求市場的美國往往就是進口最多新興國家產品的國家。美國一旦升息，原本理應相當旺盛的市場需求便會稍微收斂，這無異於對新興國家的出口經濟成長亮起紅燈，等同於宣告新興國家的經濟成長將開始趨緩。這時候又因為新興國家的經濟體趨於不穩，使得原本借錢給這些國家的先進國家銀行也跟著焦慮起來，不僅不讓新興國家延長貸款的還款期限，甚至還會進一步要求提早償還，於是新興國家被迫急著取得美元來償還債務。

　　這時候問題又回來了，美元正位居強勢地位，美元價值大漲當然也令新興國家在償還美元債務時，不得不用更高額的美國貨幣來換取美元……這個現象被稱作「美元強勢」，不過其實也可以理解成：「新興國家的美元債務負擔增加」。

新興國家的經濟成長趨緩，接著美元強勢使得美國進口物價下跌，接著在 2011 年以後出現的低經濟成長，又畫出了原物料價格下跌的盤勢，此時原本很猛烈的物價漲勢自然就漸漸停下腳步了，就在聯準會預告即將升息所引發的美元強勢局面順勢減緩了物價漲勢，聯準會觀察物價漲勢趨緩以及新興國家步入危機後，又盡可能減緩了升息的步調——這就是我對 2015 年至 2016 年的記憶，那是一段通膨跡象非常強烈，但聯準會準備大幅升息到一半卻又收手，嚇壞大家的時候。

要景氣暢旺還是要打擊通膨？升息的兩難

最後要說到 2018 年～ 2019 年的舊事，2017 年以後全球景氣都展現了快速復甦的趨勢，美國經濟當然也呈現非常穩健的成長局面，這時候為了稍微壓抑出現景氣過熱跡象的美國經濟，以及為了提早控制快速增強的通膨，聯準會又加快了升息的步伐。於是在 2015 年、2016 年分別實施升息之後，就沒有再次調高的利率，直到 2017 年才終於第三度升息，並在 2018 年調升了第四次。

只是問題又來了，2018 年美國斷然升息之後，新興國家的經濟再也撐不住開始動搖，更要命的是川普執政當時的美中貿易戰攪動以中國為首的實體經濟，並且聯準會在美國的經濟成長相當不穩的情況下再度升息，自然也為美國金融市場帶來不小的衝擊。當美國金融市場也開始走得跟跟蹌蹌，原本趾高氣昂的美國通膨現象也很快低頭臣服，這連帶讓美國聯準會快速決議放棄升息，急轉彎採行降息政策。

聯準會從金融海嘯後學到的事

聯準會雖然是曾為控制通膨而祭出許多豪邁大舉的機構，但在2008年實施第四次升息之後卻不得不放棄進一步升息的決議。聯準會在看著2008、2011、2015……以及2018年各自出現的通膨問題時會有什麼想法？對……當時聯準會應該是這樣想的：「這次的通膨不如以往了，沒有以前那麼強大又難纏」，說不定還會覺得當前的整體經濟體質較為疲弱，從這個基準點上出發的通膨水準當然也比過去來得輕微，因此得到這樣的教訓：「拿過去1980年代激烈對戰通膨的教科書來處理現在的通膨可能藥下得太猛了，用那樣激烈的方法來控制通膨，弄不好還會傷及經濟成長，難免矯枉過正了」。

在那之後就來到新冠疫情之後出現的通膨了，新冠疫情還沒有完全結束，經濟局面也還不穩定，如果以打擊快速擴張的通膨為目的，選擇迅速投入緊縮政策，那到時候會不會也和2008、2011、2015、2018年一樣重蹈覆轍？所以更應該小心謹慎應對才行，大概也正因為如此，聯準會才會用「通膨只是一時的」這個說法來合理化他們的主張：「沒必要過度警戒目前飛漲的通膨」。

現在就讓我用2000年以後的美國消費者物價指數趨勢圖來看，我所提過的期間物價如何變化，結合聯準會升息與降息的趨勢一起看會更容易理解（圖13、圖14）。

現在來做個小結論，聯準會有兩個任務，其一是創造穩健的經濟成長，其二則是穩定物價。2021年上半期聯準會就遭遇了矛盾的狀

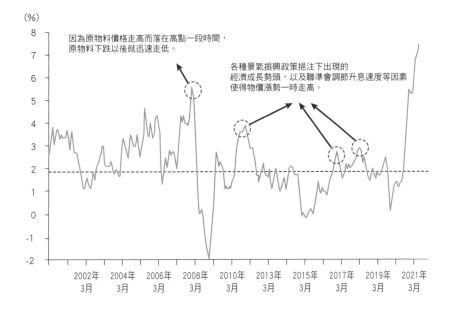

(%)

因為原物料價格走高而落在高點一段時間，
原物料下跌以後就迅速走低。

各種景氣振興政策挹注下出現的
經濟成長勢頭，以及聯準會調節升息速度等因素
使得物價漲勢一時走高。

圖 13・美國消費者物價指數走勢圖（2000 年以降）

在原物料價格飆漲之下，美國消費者物價指數也留下高點記錄，但在那之後又基於原物
料價格的暴跌、以及實體經濟發展停滯狀況嚴重，連帶使得消費者物價指數以非常快的
速度下滑。2016 年川普當選以後，外界期待川普政府會大膽祭出高額財政支出的預期心
理，以及 2018 年以半導體為核心的 IT 中心的強勁成長力道，都創造出了一定程度的物
價成長趨勢，不過當聯準會實施緊縮政策的隱憂一出現，物價又隨即臣服了。

況——經濟成長雖然看似相對穩健，但不能排除對景氣紓困政策的高
度依賴，而新冠疫情也依然存在許多不確定的因素——也就是說，經
濟成長的不確定性很高，但物價卻一飛衝天，如果端看成長趨勢，繼
續往市場釋出更多的錢、實施更多的景氣紓困政策的確是對的方向，

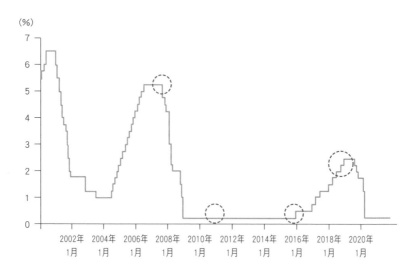

圖 14 · 美國基準利率走勢 （2000 年以降）

這張圖上圈出了 2008、2011、2015 ～ 2016 年、以及 2018 年這幾個特定時期的基準利率，都是前面那張圖上美國消費者物價指數抬頭的時候。每當物價抬頭的時候，央行便會考量是否要打出升息牌，但外界對聯準會即將採取緊縮行動（升息）的隱憂又會致使原物料價格的下跌、消費力道趨緩，一旦物價漲勢趨緩，聯準會又會決定降息或是放棄升息的計畫。2011 年原物料價格暴跌以後，聯準會便決定放棄升息，後來在長時間以來第一次升息的 2015 年 12 月也再次放緩了二次升息的時機；2018 年第四季調升利率之後，待物價漲勢一趨緩，聯準會又迅速在 2019 年調降基準利率。

既然這樣，那不如先升息再馬上降息怎麼樣？當然這是現實生活中不可能實現的天方夜譚，所以聯準會也只能從中做出選擇了。根據金融危機以後的 2008、2011、2015 年、以及 2018 年的經驗，聯準會判斷

2021 年快速上揚的通膨也是一時性的，用「一時性」的這個單詞來形容，其實也就代表聯準會判斷眼下發生的通膨狀況不會持續太久，只是假性通膨，因此不用太過認真應付。沒錯……聯準會選擇了瞄準經濟成長「All In」在振興景氣上。

到目前為止我們已經探討過美國聯準會太過輕視物價漲勢，選擇用安逸態度來面對的理由，雖然為了了解聯準會的心思而稍微脫離了主軸，接下來我們會再度回到正題，討論通膨從封印中竄出來橫行四方的理由。

第 7 章

供應鏈的通膨危機

｜該量產，還是限制產能？｜

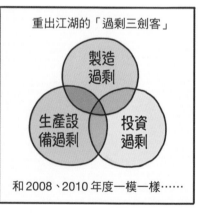

對我來說 XX 原子筆熱潮就像試煉一樣

缺貨大亂！

出現在收視率 40% 爆紅連續劇的原子筆，因為沒貨所以沒賣……

哇！是我的原子筆耶！

這是機會嗎？
還是想太多了？

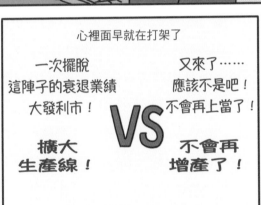

心裡面早就在打架了

一次擺脫
這陣子的衰退業績
大發利市！

擴大
生產線！

VS

又來了……
應該不是吧！
不會再上當了！

不會再
增產了！

朋友只靠一通的電話就輕鬆
就解決了我心裡煩躁的煩惱

啊⋯⋯

那個電視劇下禮拜
就播完了啦！

前面提到好長一段時間無聲無息的通膨，正是在新冠疫情爆發後被全世界的中央銀行，特別是美國聯準會以及美國政府所喚醒，當時他們為了提防疫情所帶來的景氣衝擊，大力實施振興景氣的政策。明明這類規模龐大的景氣紓困政策也極有可能喚醒通膨，但作為通膨守門人的美國聯準會卻一路抱持著輕鬆的態度，而最後這種「敵人絕對不會闖進來」的安逸思維就演變成 1970 年代以來最大的通膨。

然而單單只用景氣紓困政策來說明此次通膨的發生仍然稍嫌不足，各種景氣振興案最終都是以刺激需求為目的，換句話說，也就是發放現金鼓勵大家消費買東西。在貨幣政策發揮作用之下錢被大量發到市場上了，而此時代表著錢的價值的利率也下滑了，下降的利率也進一步創造出更容易消費的環境……是的，在財政與貨幣政策雙管齊下刺激消費之下，市場對商品的需求就增加了，這也可以用來解釋之後物價的上漲。

然而物價不只受到需求影響，也會受到供給的干擾，只是我們通常會認為即使需求很強，但只要供給很穩定，物價理應穩定。只有在供給跟不上需求的時候，或是當前的需求比過去來得大，現有供給無法支應的時候，物價才會大幅上漲。新冠疫情以後快速壯大的通膨主

要便是受到供給——「供應鏈問題」的影響較大，在這個章節中我們就將討論物價大漲的供給端因素。

明明市場需求高，企業反而緊縮產能？

所謂的「供應鏈問題」乍看之下可能只是暫時性的問題，先讓我們假設分別有需求和供應兩端來看看這個議題。全球金融危機之後全世界都在經濟低成長的困境中呻吟，在經濟衰退的基礎下，人們無法寬裕地購物，這時候以中國為首的新興國家反倒出現生產過剩的問題，供給量大大超越了需求量，最後反演變成需求不足的結果。在供給量比需求更高的時候，產品的價格就會一直維持在低檔，如此一來整體物價就會面臨下滑的壓力，所以在新冠疫情發生以前才會有通縮壓力巨大的說法。

現在請讓我來描述一下新冠疫情以後的情況。新冠疫情的影響使得原本就不充足的需求持續萎縮，需求的不足讓許多企業都沒有生意可做，原本的企業負債就已經很可觀了，銷售業績卻還不能提升，這讓企業無法順利償還債務，只能面臨破產倒閉的命運。為了解決這個問題，聯準會和美國政府就必須投入效果猛烈的景氣紓困政策，並且同步採取能夠大規模刺激需求的方案——調降利率，以及直接往個人帳戶匯入一定程度的的現金，幫一般民眾創造能夠擴大消費的餘力。試想，當我們銀行帳戶有現金匯款進來，從有現金的那天開始，就能馬上領錢出去消費，這些原本數目就很龐大的現金一次匯進個人帳戶

裡，所刺激出來的消費量當然也很驚人，只是高消費量一時被激發了出來，供給量是否也能跟著爆發性地提升？——這其實並不容易。

如果從供給角度來想，首先，在新冠疫情下，有許多工廠都處於「停工狀態」（Shutdown），許多勞工失去工作機會；再來是新冠疫情帶來的長期景氣沉潛，增強了對未來需求大幅萎縮的預期心理，許多企業因此取消了製造產品所需的原物料採購……只是說時遲那時快，現在需求爆發了，拿到現金的人們馬上就動手購物，大量消費促使市場需求大增，但工廠卻沒有辦法立刻恢復供給。

工廠首先需要重新整頓太久沒生產而生鏽故障的設備，也得緊急採購製造產品所需的原物料，更必須把停工時解雇的勞工找回來，但還不是把員工找回來就完了，還得透過一定時間和水準的教育訓練來提升員工的熟練度，等上述條件都滿足了以後，才能生產出品質完善的產品，除此之外，工廠也必須同時重建供應鏈和運送產品所需的物流鏈。

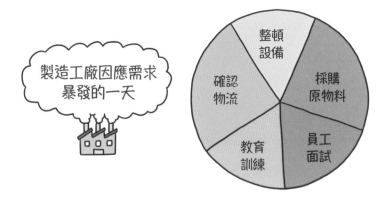

只是從新聞標題就可以多少感受到，剛剛提到的各種先決條件裡面沒有一件是輕而易舉的，請見下方引用的新聞：

—耶誕節禮物可能明年才能拿得到……「貨櫃末日」（Containergeddo）壟罩全美 　　　　—《Money Today》，2021/10/12
—美國還在海上漂的商品高達 28 兆韓圜規模……「供應鏈大亂將持續到明年」 　　　　　　　　　—《Newsis》，2021/10/26
—Omicron 擴散中……美國醫療用品供給陷「物流大亂」，配送最長延遲 37 天 　　　　　　　—《韓國先驅報》，2021/12/27

此外，由於全球化的趨勢，海外製造的產品在裝上貨船運往美國的時候，也都會使用貨櫃。在新冠疫情之後，貨櫃的管理費用大幅上漲，但即使費用已經相當可觀，付了錢卻未必能夠順利使用貨櫃運送，在這裡因此出現了一個新造詞，那就是上面第一篇標題中的「貨櫃末日」。這是一篇 2021 年 10 月刊出的新聞，內容是即使早在 10 月就訂好耶誕節禮物，也有可能要等到隔年才收得到，映照了當時物流大亂的嚴重程度。

在第二篇新聞中則寫到因為無法在美國主要港口下貨而在海上漂的產品規模相當龐大，並用了「供應鏈大亂」的詞來形容。雖然大部分的製造業都一同面臨非常嚴峻的狀況，但已經受到傳染病影響而蒙受巨大衝擊的醫療產業，更是因為物流大亂而產生與個人生命息息相

關的救命問題。

　　然而儘管有供應鏈問題的存在，人力補充的問題當然也不容忽視，從下面引用的新聞就可以知道許多人仍然無法回到工作崗位。

- 美國企業人力缺乏嚴重……4 月人才缺口達 930 萬名——「史上最大規模」
　　　　　　　　　　　　　　　　　　　—《聯合新聞》，2021/06/09
- 英特爾等美國半導體企業人力短缺，大學生也納入雇用
　　　　　　　　　　　　　　　　　　　—《財經新聞》，2021/10/05
- 新冠疫情引發提早退休潮，美國勞動短缺問題加劇
　　　　　　　　　　　　　　　　　　　—《聯合新聞》，2021/11/01
- 原本很多的勞工都去哪了？美國為什麼出現史上最糟缺工潮？
　　　　　　　　　　　　　　　　　　　—《Edaily》，2021/10/15
- 歐洲企業面對新冠疫情缺工潮：「每人發給 1,000 歐元面試費」
　　　　　　　　　　　　　　　　　　　—《韓國經濟》，2021/01/26

　　因為新冠疫情而解雇的人力當然不會輕易就回歸職場，政府採取的景氣紓困政策也許能夠幫助挽回因為新冠疫情而沉潛的需求，但卻顯然對供應鏈的改善及人力的補充幫助不大。

　　新聞的內容顯示無論是雇用人來工廠投入生產或協助物流，每一項都不容易，和需求爆發的速度相比，供給增加的速度相對非常緩慢。需求漫天高，供給卻還在地上爬，在等到供給能夠滿足需求的瞬

間為止，產品價格應該會一直保持在高點了，這就是供應鏈通膨的梗概。

病毒不斷變種擾亂供應鏈

供應鏈不穩甚至斷裂的背後其實有非常多因素，在這裡會先探討其中幾個大項，而首先美國中央銀行聯準會也曾經提及一個原因——我們可以說病毒就是這個問題的核心。

病毒非常猖獗，當時就有傳聞說這次疫情的擴散非常快速，並且可能對生命帶來致命影響。光是接種疫苗這件事本身就讓人很有壓力了，卻還聽說就算打了疫苗也沒用，還會有新的變種病毒出現，外面有許多突破性感染的案例⋯⋯因此病毒的猖獗直接躍升成為攸關性命的問題。2021 年初終於開始有疫苗問世，之後全世界各國都快速開始投入疫苗施打，這讓大眾重新燃起對疫情高度消失的期待，只是在那之後我們隨即就碰上 Delta 和 Omicron 的新冠肺炎變異株，而 Omicron 變異株一路擴散到 2022 年，因此包含美國等全世界各國的確診數都創下史上新高。

先岔題一下，在疫苗開始施打的 2021 年初，連同我在內的許多人都抱持著再過不久就能擺脫口罩的期待，雖然當下仍待在黑暗的隧道裡心情很煎熬，但遠遠地已經能看到出口的微光了。是的，因為總算可以看到盡頭，所以才讓我們建立起對未來的期待，也更有力氣面對疫情了，只是萬萬沒想到 Delta 變異株竟然隨後登場，直接往我們頭

上潑冷水，接著在 Delta 掀起的一波疫情好不容易稍稍消退時，2021年第四季又出現了 Omicron 這個新冠肺炎的新種變異株，確診數再度飆升，韓國國內的確診數也瞬間突破 1 萬名。

2021 年正當大家覺得疫情就要步入尾聲之際，Delta 突然出現了，之後似乎就要出現解套的時候，Omicron 又猝不及防地開始肆虐全球，這的確大大打擊了人們的信心。我們到底有沒有機會脫掉口罩？至少在寫這本書的 2022 年上半年，我還總感覺距離拿掉口罩還有一段很長的路要走，而和我一同目擊 Omicron 變異株引發確診數暴增的各位，應該也能感受一樣的挫折？

在病毒的傳播力這麼強勁的狀況之下，人們究竟能不能快速回到工作崗位？我想很多人並不能很快回到工作上，這也導致缺工的情況愈來愈嚴重，至於勞力出現缺口又找不到人來補上，薪酬會不會也因此跟著迅速調漲呢？員工薪酬是剛性（downward rigidity）極強的資產（注：此處「剛性」即為用以指稱不易隨著市場供給狀況隨之漲跌的商品價格、租金、薪酬等）。國際金融危機等事件皆可能造成股市、國際油價、或是不動產價格瞬間暴跌，然而勞工薪酬卻不是這樣，一旦調升過一次就不容易再輕易調降，所以雇主通常不願意輕易調漲薪資，就怕調漲了就不能隨便調回來了。那麼國際油價漲價導致物價上漲，以及員工薪酬提高導致物價上揚就因此變成兩個不同層次的事了，汽油價格可以上漲，但當然也可能以很大的幅度下跌，因此原物料價格大漲所帶來的通膨可能會基於未來原物料的價格下滑而有機會從根本解決問題，但相反的，如果是薪資提高所帶來的通膨呢？對，這個難題其實相對很

難化解。

當然 Delta 和 Omicron 這兩個新冠病毒的變異株並不只影響了員工薪酬，對全球物流供應鏈當然也帶來相當大的衝擊。2021 年年中，美國等先進國家率先達成疫苗接種的普及化，這時候各界也傳出了疫苗配發不平均的批判聲，這些抨擊主張疫苗如果只在先進國家普及，那經濟能力較弱的新興國家就相對曝露在更嚴重的新冠肺炎衝擊中，新興國家也需要快速提高新冠疫苗施打率，這樣全世界才能一起迅速擺脫新冠疫情。沒有疫苗施打可能會讓病毒在疫苗接種率低的新興國家境內蔓延得更久、擴散得更遠，在這過程中又可能出現新的變種病毒，這些新變種病毒又會再次往新興國家著陸，對全球國家的經濟成長帶來負面影響，其中 Delta 和 Omicron 就是其中代表性的例子。

疫苗施打率低不僅可能會演變出新的變異株，新興國家經濟在受到極大疫情衝擊之後，也會進一步引發更大的問題，讓我們來看一下新聞：

— Delta 變異株影響下東南亞紛紛停工封城……國內「半導體，MLCC」陷緊急狀況　　　　　　　　　—《首爾經濟》，2021/08/03

— 越南封城效應衝擊三星電子……胡志明工廠運轉率大降，僅剩三成運作　　　　　　　　　　　　　　　—《NewsPim》，2021/08/23

—「越南封城餘波預計持續到明年」……服裝、鞋履出貨困難問題將延續　　　　　　　　　　　　　　　—《首爾經濟》，2021/11/16

2021 下半年 Delta 變異株為東南亞各國帶來極大的衝擊，嚴重影響整個東南亞國家的產品製造。全球化之下供應鏈（Supply chain）被建出來了，各個生產工序或是產品裡的零件分別在能夠以最低價格、最高品質交貨的地區生產製造或完成零件的調撥，然而如果特定區域因為新冠疫情而停止生產活動，但光是要在該工廠或該區域製造或調撥零件就會變得很困難。缺乏一個零件或是一個工廠的運作是不可能讓整個產品被製造出來的，全球供應鏈的效率雖然很高，但問題是當某個區域發生問題時，就有可能嚴重耽誤到整個生產日程。Delta 和 Omicron 的擴散，以及疫苗普及率的不平等都為全球供應鏈帶來相當大的不良效應，而且看起來這些餘波暫時都還會延續下去，很可能成為推動供應端通膨壓力升高的因素。

另外順便提一下，疫苗接種普及率的不均衡並不只是影響新興國家的經濟，也可能會間接促使通膨壓力升高，所以國際社會也積極出手協助新興國家擴大疫苗接種的普及，以下是相關的報導：

—「對開發中國家提供 Covid-19 疫苗支援」……G20 各國衛生相關部會首長達成「羅馬協議」

G20 衛生相關部會首長做出決議，將擴大支援開發中國家及低發展國家的新冠肺炎感染症（Covid-19）預防疫苗。這是基於各界擔憂，如果棄新冠疫苗不足的貧困國家於不顧，全世界將無法共同防堵

新型變種病毒的出現及擴散。

　　根據路透社的報導，各國衛生相關部會首長於 9 月 5、6 日在義大利羅馬參加了為期兩天的 G20 衛生部會首長會議，會中針對低開發國家的疫苗支援等多項內容達成了《羅馬協議》，這個協議的份量長達 11 頁，內容包含對深受新冠疫情重創的貧國實施醫療保健、經濟層面的支援，以及提供更多疫苗的政治性協議。

　　今年 G20 高峰會主席國義大利的衛生部長史伯蘭沙（Roberto Speranza）在會議結束後的記者座談會上提到「疫苗施打不平等的狀況非常嚴重」，並也對此做出評論：「如果我們還像現在一樣對那些疫苗不足的貧困國家棄之不顧，將來就更不能阻擋變種病毒的擴散」。

　　除此之外他也進一步強調：「我們想強烈表達的訊息是：『世界上無論哪一個國家都不能在疫苗接種上比別人慢半拍』」，並表示將在預定於次日舉行的 G20 財務暨衛生部會首長聯合會議上討論這次羅馬協議中未能具體議論的貧國經濟／金融援助方案。

—《世界日報》，2021/09/07

　　這是一篇在 2021 年 9 月 7 日刊登的的羅馬協議相關新聞，當時全世界，特別是新興國家都正因 Delta 新冠變異株的出現而倍感煎熬。這篇報導顯示雖然羅馬協議從人道主義的角度來看，主要是替新興國家的醫療保健問題感到擔憂，但另一方面也一併強調，在新興國家中

大規模擴散的變異病毒有可能再度為已開發國家帶來衝擊，如果只有先進國家先行擺脫新冠疫情而放任新興國家持續處在艱困的狀況，那新冠病毒的問題就很難完全解決。我認為如果能從 G20 的層次協助大規模普及疫苗到各大新興國家，因為傳染時間差而產生的病毒變異株擴散傳染問題就能獲得緩解，這對解決供應鏈問題也會有幫助。

到目前為止我們探討了 Delta 和 Omicron 變異株所導致的供應鏈問題也成為了通膨死灰復燃的原因之一，接下來我們將繼續看看其他因素。

新冠後消費爆炸成長，企業卻轉趨保守

供應端的物價上升是一種需求爆發性成長，但供給卻無法跟上的通貨膨脹現象，其中一個解決方案，是令暴漲的需求重新萎縮到原本正常的水準，或是供給端能應付需求的漲幅，並跟著需求爆發性地擴增產能。只要能做到這樣，短期來看需求雖然仍會超前供給，物價也仍然承受著上漲的壓力，但稍微靜候一段時間之後就會因為供給的增加，短暫的物價上漲問題也會恢復平穩。新冠疫情以後，美國政府透過強力的財政政策發給每位公民相當程度的現金，配合聯準會的量化寬鬆政策為實體經濟創造相當寬裕的低利率條件，這都造成需求爆發性的增加，反而矛盾地在新冠疫情之後引發了比以往趨勢來得更強勁的消費成長。這是前面已經看過的圖，呈現了美國個人消費總額逐漸攀升的趨勢，先前我們已經看過了 2012 年以後的消費趨勢了，這次

就讓我們從 2000 年開始一路看到最近的長期消費走勢吧（圖 15）：

這張圖中間中還穿插了幾段灰色的區間，在景氣沉潛時期往往會用這種灰色的柱狀圖來標註。仔細看會發現圖中間的 2008 年至 2009 年之間就被畫了一段粗灰色的線，這裡顯示的就是全球金融危機發生

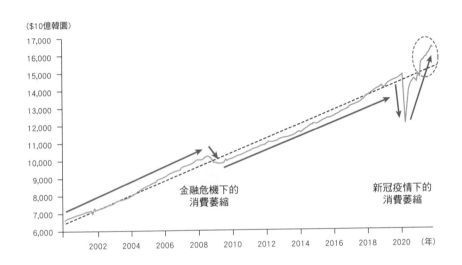

圖 15 · 美國消費支出走勢圖（2000 年以降）

現在讓我們來看看美國從 2000 年代起，金融危機發生以前到現在的消費趨勢。從這張表我們可以看到千禧年後到金融危機爆發以前，消費趨勢都一直處於相對穩健的狀態，即便在金融危機期間消費量能下降了一個檔次以後，消費成長趨勢也仍一路以較平緩的斜率持續成長。然而在新冠疫情影響下深受重挫的美國消費趨勢，最後卻在強而有力的紓困政策刺激下，迅速回升到相當高的水準，甚至大大超越了 2000 年以來穩定成長的趨勢，達到了比以往各時期都更高的消費層級，更何況這次的消費爆炸速度還遠比金融危機以前的各時期都強上許多。

的時間點，另外也可以看到右側的 2020 年 3 月上方也被畫了一條比較細的灰線。沒錯，這代表的就是新冠疫情帶來的景氣沉潛時期。從這張表我們可以清楚知道歷經金融危機之後，個人的消費的確大幅萎縮了，之後又慢慢往上增加，直到 2020 年 3 月才又出現很大的降幅。

看這張圖的主要原因是要了解新冠疫情以後的消費增長速度有多麼猛烈，透過圖上黑色的虛線趨勢線我們可以看到，2000 年到全球金融危機爆發的 2008 年所呈現的消費趨勢，再對比 2010 年開始到新冠肺炎即將爆發之前的時期，從外觀上看起來大致雷同，但是新冠疫情擴散之後的消費趨勢線卻比其他時期來得更加傾斜……是的！這時候雖然消費規模的增加也很重要，但這段時期消費增長的速度卻是過去追也追不上的程度。消費愈是爆發性地成長，也就意味著美國市場的需求愈大幅地增加，供給端需要用比過去更快的速度、更大的量能才能應付，但這都並不容易。

這時候有人可能會問：「就算是這樣，等一段時間讓企業慢慢增加供給量不就好了嗎？」據說聯準會先前也有過類似的想法，想說這只是時間問題而已，供給端總會追上爆發性的需求的。只是好景不常，事情並不如預期發展，接下來就讓我用一個簡單的例子來說明。

洪吉童是原子筆的生產業者，他已經生產原子筆好長一段時間了，只是在 2008 年的全球金融危機以後就遭遇了長期的慢性不景氣，原子筆的需求開始大幅下滑。中間雖然有幾度在新聞上出現政府即將祭出強力景氣紓困政策的預告時，原子筆的需求突然大增，但又很快縮減回到原本的水位。每次政府說要重啟紓困政策的時候需求總會增

加一陣子，但又隨即下滑，這樣的情形反覆了好幾次。洪吉童就是因為需求的反反覆覆吃了好幾次苦頭，因為每次傳聞有新的景氣紓困政策導致需求增加的時候他就會擴大生產線，試圖跟上需求，但每次紓困政策的藥效退了之後，需求又掉了下來，這時候原子筆的追加生產已經投下去了，市場上的需求卻又回到原本的位置，那些之後才產出的多餘原子筆庫存就自然成了「生產過剩」的產物，那些擴大的生產線也都變成了「過剩的製造設備」，更別說洪吉童還在這個狀況中借了錢去投資，這也都成為了「過剩投資」……於是在幾次徒勞無功之後，洪吉童也歷經了多次挫折。

某天洪吉童生產的原子筆突然開始爆紅，原來是知名的電視劇主角在劇中把這款原子筆當成一個紀念物隨時攜帶，因為電視劇的成功

所以不分男女老幼都想要這款原子筆。這時候洪吉童接到了電話，有人要他趕快加開生產線追加供給，並告訴他原子筆賣得好就可以賺很多錢，也可以一舉挽回之前的經營不順。好了，如果各位是洪吉童會怎麼做呢？過去一段時間裡洪吉童其實學到了一件事：跟著一時的需求大舉追加投資最後只會造成浪費。重點來了，這次的需求爆發現象和以前不一樣嗎？洪吉童左思右想都不知道怎麼做才好，於是就打電話給好朋友李少爺，問他該怎麼做才對，這時候李少爺就說出了關鍵句：「你說的那個電視劇下星期就要完結了！」

　　好，這時候請容我再問各位一次：如果你是洪吉童，會做出什麼樣的選擇？當紅電視劇下週就會完結，明明知道這件事，這時候還額外追加生產是對的嗎？但說真的也沒有人確實知道未來會怎麼樣，也可能在電視劇播完後原子筆繼續熱銷一段時間。這是一個沒有人能夠給出答案的尷尬情況，一般來說洪吉童應該會按照以前的經歷來做決定，就是洪吉童在漫長的景氣衰退期間，曾經遭遇過無數次因為需求一時大增而追加生產的情況，最後卻又得辛苦地收拾殘局，這些經驗都成了他的創傷，很難要他再大膽擴大生產。

　　為什麼突然講起洪吉童的事？因為我總覺得洪吉童所感受到的需求爆發和現在全球製造業所體會到的狀況很像。全球金融危機以後長時間處於慢性需求不足的情況，這使得全球製造業都度過了一段相當艱辛的時期，過程中雖然時不時都有政府的景氣紓困政策挹注，暫時改善了製造業的需求，但經濟整體依然還是處在低成長的架構中，並沒有掙脫出來。

2008 年至今已經過了十幾年了，一路體驗那些痛苦經驗到今天也長達十餘年了，那麼企業在新冠疫情以後面對突然激增的需求時，是否還能果敢且迅速地擴增生產線來因應？目前新冠疫情的不確定性因子依然存在，正如同政府祭出的短期紓困政策力道如此強勁，如果未來沒有機會再出現額外的紓困政策，製造業當然有理由認為，當前的需求爆炸現象可能只是一時的。更有甚者，現在的徵才狀況很困難，採購原物料的成本也比以前來得高昂，因此對鼓勵企業果敢擴大生產線這件事而言，眾多企業所經歷的苦難過去，以及生產所需的勞動力、原物料供應等周邊條件都並不充分。

　　現在再回到正題，有需求端和供給端兩個方面，以前是需求疲弱，一直到新冠疫情發生以後需求才又出現爆發性的成長，如此一來就需要給點時間讓供給有機會快速跟上，但難道這只是單純的時間問題嗎？說不定因為過去的創傷讓供給沒辦法快速跟上，也有可能不打算根據需要來增加製造設備的投資。是的，供給端可能需要比預期更長的時間，才能快速且充分地滿足需求端擴張的數量以及速度，這樣由需求的激增和供應的短缺所帶來的通膨壓力便可能持續下去，而這個持續的時間也很有可能會超乎預期的久。

　　以上說明的企業投資疲軟現象就是供給端的第二個促使物價上升的原因。

景氣紓困大撒幣，投資夢導致大缺工

　　新冠疫情之後，美國聯準會透過無限制的量化寬鬆政策積極往市場撒錢，這些被放出的現金與其說是投向實體經濟，不如說有更多匯流進了資產市場，股市和不動產等大部分的資產價格都以很高的漲幅上升了。一般來說，股價往往會在景氣好的時候起漲，不過即便在先前景氣並不好的時候，股市也仍因為聯準會持續往外放錢，透過無限量化寬鬆政策為資產市場挹注資金，所以股價仍是居高不下。既然如此，股市也就等於是景氣好時也漲、景氣不好時也漲，那這樣股市什麼時候才會下跌？會一直往上攀升嗎？至少每次在聯準會遭遇困境選擇放錢的時候應該都會繼續漲。在金融危機以後超過十年的時間裡，聯準會多半都將基準利率固定在 0%（零利率），透過好幾輪的量化寬鬆政策持續往市場放錢。

　　聯準會在全球金融危機發生的 2008 年將基準利率調降至 0% 後，美國利率調高的期間整體來說並不長，大部分都維持在零利率的水準，最多也就只上升 2%，是和過去相較之下非常低檔的利率水準，與此同時聯準會的總資產也持續增加中，聯準會透過購買長期公債，並以此為代價為市場創造流動性。

　　至於為什麼聯準會需要這麼積極的為市場提供流動性？原因其實很簡單，這是為了擺脫在低成長中掙扎的局面。而以擺脫低成長為目標，首先就必須提高消費，透過這種消費的復興來促進企業擴大投資，當企業投資增加時，就有更多工作機會被創造出來、員工薪資也

能獲得提升，增加個人所得，如此一來又能增進消費、復甦消費市場、促進企業投資、擴大企業徵才、薪資提升、增進個人所得……就先說到這裡了。

全球金融危機之後的經濟成長動能原本就比較疲弱，在全球金融市場被大規模動搖之下，實體經濟當然也有非常高的機率會陷入停滯。聯準會當然不會袖手旁觀金融市場的不景氣壓迫到經濟成長，所以只要資產市場出現動搖，聯準會就會隨時出手透過積極的量化寬鬆或流動性供給政策來應對。2008 年金融危機讓金融市場近乎瓦解的時候，聯準會就是導入了零利率這個史上最大的量化寬鬆方案；2010 年的希臘危機影響股市時，聯準會又採取了第二次的量化寬鬆；而在 2012 年的歐洲財政危機之下，不意外地又打出第三張量化寬鬆牌。2015 年聯準會預告了即將升息以後，金融市場一出現震盪，聯準會就又決定把升息的時間大幅延後；2019 年數次的升息讓金融市場崩潰之際，聯準會又宣布將降息，盡全力安撫金融市場的不安。

聯準會這類的應對模式在新冠疫情爆發隨後變得更加明顯，當新冠疫情為全世界資產市場帶來暴跌趨勢時，聯準會很快就透過量化寬鬆政策來拉抬資產價格，之後即便資產價格已經逐漸恢復到疫情以前的水準，聯準會還是持續往市場上放錢……這麼一來投資人會怎麼想？沒錯，投資人會因為金融危機以後的經驗而學到「美國聯準會並不希望股市崩盤」，因此股票投資人反而會在股價下跌時，認為聯準會會出手相助，所以刻意在這時候買進更多股票，這就是人說的「逢低加碼買進」（Buy the Dip），把投資當成是一種容易賺大錢的方法。

這個結果就是每次股市下跌一定程度時，參與股票投資的人便會自動這樣想：「過不久聯準會應該會來幫忙吧！」接著就在聯準會都還沒有推出任何景氣振興政策之前開始大量買進股票，股價當然沒有大幅下跌的空間。

另外除了新冠疫情這類的特殊狀況以外，股票市場長時間以來的趨勢都不曾出現過大規模的暴跌現象，因此大眾普遍有著很強的印象，覺得只要投資股市一段時間以上就幾乎不會有損失，甚至還會跟前面提到的一樣，產生一種原則認為：「股票下跌就是可以逢低買進的好機會」。

本夢比也能當飯吃？ All In 股市、虛擬貨幣

假設洪吉童是個美籍的職場上班族，雖然他的年薪並不高，但因為在同一間公司工作了相當長的時間，對職場生活非常上手。然而，對職場生活非常熟悉的洪吉童在某天卻突然開口說要離職，當人家問他辭職原因時，他就回說要回家全職投資股票。聽了他的這番話，雖然每個人給他的建議不盡相同，但所有人的說法都很類似：「一般來說，全職做股票是非常高風險的事」，為什麼大家會這樣勸戒他呢？你想的沒錯，月薪是每個月會穩定進到口袋的收入，但股價雖然可能會大漲，同時也可能大崩盤，所以大家不太會勸說只是股市小白的洪吉童轉業去做投資。

但洪吉童卻反駁：「聯準會會幫忙阻止股價下滑的！」這是一個非常重要的發言哦，股票投資之所以不穩定的原因，就是我們不清楚股價會在什麼時候、以什麼程度下滑，但是在這裡，洪吉童卻說因為聯準會會幫忙守護股市，所以投資股票絕對不會有損失。實際上涵蓋美國代表性五百支股票的 S&P500 指數在過去十餘年間的確呈現一面倒的漲勢，不但持續穩定成長，還在新冠疫情爆發之後一度飆升，這讓人覺得投資股票就可以輕鬆獲得月薪以上的獲利，這也是為什麼洪吉童會這麼想，說他想成為專門長期投資美國大型股的全職投資人，而有那麼一個瞬間我也因為洪吉童的這番話覺得他不是瞎扯，反而聽起來很有定見，所以一時也傻了，不知道該怎麼回應他的話。

實際上的大問題是：不是只有洪吉童一個人懷有這樣的念頭，因

為不是只有洪吉童持有的股票漲了，無數美國人手上的股票和不動產價格都大幅上漲，不動產價格突然飆升，在帳面上的股票價格也漲了不少，每次看數字心情就好愉快，這樣還會想繼續拿著偏低的薪水繼續職場生活嗎？是的，過去一段時間資產價格在景氣紓困政策的影響下出現幾波漲勢，這裡所產生的餘波就是人們開始離開勞動市場，在這個情況下如果需求又暴增了，就會讓勞動力的不足的問題更加嚴重，更由於徵才困難，薪酬也以很快的速度上升，但無論薪酬的上升率有多高，只要資產價格的上升率更快更猛，人們就還是不太願意回歸職場。

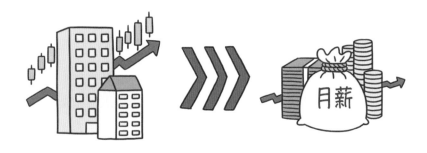

最近美國經濟中最大的問題之一就是自願離職的人非常多，雖然也有部分人是因為病毒而考量到醫療保健上的因素才選擇離職，但還有不少人是基於資產價格上升，已經達成一定程度的獲益，或是評估轉業從事全職投資人可以獲得比上班工作更高的報酬，這些離職的人混合起來就讓所謂的「大辭職潮」（The Great Resignation）現象更加嚴重。現在就讓我們根據洪吉童的案例以及他的補充說明，閱讀這篇

新聞：

延續去年出現的大規模的辭職潮，根據今年的調查結果，美國勞工離開工作崗位的現象仍將持續下去。根據 3 日（當地時間）福斯商業新聞（Fox Business）的報導，富達投資（Fidelity Investment）在 2021 年底針對全年齡層的求職者進行了年度財務調查，調查結果顯示參與調查的人口中有 39% 計畫今年會尋找新的工作。（中略）根據美國勞動部的說法，去年年初開始至 10 月為止，共有 3,900 萬名勞工離職，是自開始統計的 2000 年以來單年最高的記錄，也是 21 年來最多人自願離開職場。新型冠狀肺炎 COVID-19 感染症（新冠肺炎）擴散之後，聯邦政府的大規模寬鬆政策讓股市、不動產等資產價格紛紛暴漲，影響了勞工的工作意願，這也被認定是這次造成空前離職潮的主要原因之一。在本次的研究結果中也顯示美國有 72% 的人口確信今年的財政狀況會變得更好，這麼高的回答率和去年年中的調查數字一致。

— 《聯合 Infomax》，2022/01/04

這是一篇說明美國去年離職的人數是 2000 年以來最高記錄的新聞，2000 年剛好是美國科技泡沫達到頂點的一年。這可以說是資產價格上升，使得人們對原本職場的薪酬滿足度變低的現象，看這篇新聞的最後一段就可以知道，多數工作者因為資產價格的暴增，使得工作

意願相對降低。既然個人的財務狀況因為資產價格的上漲而達到一定
門檻，就沒有理由冒著感染病毒的風險，繼續維持原本的職場生活、
拿相對低的薪水了，畢竟有些資產更能直接解釋價格的飆升。

　　觀察美國市場研究中心 Civic Science 所發表的統計調查結果會發
現，現在也有好一部分因為虛擬貨幣價格趨漲而選擇離開工作崗位的
人，另外這份調查結果也同時顯示，低所得層的人展現了對虛擬貨幣
投資的高度關注，有更多人因此離開職場，想必是因為和薪資所得相
比，虛擬貨幣的獲利率高上許多，這下人們的工作意願就更低了。看
到這裡你可能已經發現，前面舉出的洪吉童例子不是小說的虛擬劇
情，而是真實的經濟狀態。在資產價格的上升和工作意願的連動之
下，勞動力的供給也因此下滑了。

景氣未獲得紓困，反而把通膨養成史無前例的巨獸

　　讓我們再回來探討美國聯準會的景氣紓困政策，聯準會的振興政策，特別是量化寬鬆政策拉抬了資產的價格，資產價格的上升擴大了個人的消費量能，景氣也許還不是很好，但如果我手上原本就持有的資產漲價了，那多多少少也會增進我出去消費的信心，那麼在消費增加之下，也會促進企業擴大生產，而企業擴大投資的其中一環就是工作機會的增加，但好死不死現在想要工作的人卻不見了，這下子薪酬也不得不跟著大漲，再次創造出物價上升、刺激通膨這個怪物重出江湖的結果。

　　筆者雖然是醫學的門外漢，但如果刻意讓我做個比喻的話，聯準會的量化寬鬆政策就像是「止痛藥」一樣的處方。止痛藥是在真的很痛的時候，為了熬過那個劇痛的瞬間暫時緩解不適的輔助藥物，不是能從根本治療病痛的藥。但是今天我們卻連續十年以上一直服用這些止痛藥，難免必須承受副作用。

　　到這裡我總結一下，我認為觸發供應端通膨的主要原因有幾項，一則為病毒帶來的醫療保健問題；二則為需求爆發之下企業們的消極反應；最後則是過度的貨幣寬鬆政策所引發的副作用。

　　這樣一切都能串連起來了，因為需求層面主要是強烈的景氣紓困政策及美國聯準會的安逸態度，創造出了有史以來最大的需求爆發；而供應層面則是在病毒及低成長創傷影響下打擊了企業的生產力，以及聯準會的政策引發資產價格飆升，間接導致勞動力的不足、薪酬的

上升。而最後就在需求的暴增、供給的不足，以及薪酬的上升這三項因素的共同作用下，喚起了我們現在所看到的 40 年一遇的大規模通膨了。

　　到目前為止我們一路講了許多通膨從封印神燈中逃脫出來的背景故事，也深入探討了通膨現象的成因，從下一章開始我們將開始來看看通膨守門員——美國聯準會將如何因應氣勢磅礴的通膨？而通膨在聯準會出招之下又會出現什麼變化？讓我稍微給大家一點提示吧，我們總說解鈴人還需繫鈴人對吧？既然製造出這個大型通膨怪物的責任有好一部分可以歸咎在聯準會身上，我認為未來他們的動向將成為解決通膨問題的線索。

第 8 章

打擊通膨又兼顧成長，
聯準會怎麼做？

|選擇的十字路口|

站上選擇十字路口的美聯準

美國聯準會自始自終都有兩個目標，一個是經濟成長的極大化，另一個是物價穩定，這些平常都不會變成太大的問題，因為當成長力道強勁時，通常會導致物價上漲的通貨膨脹現象也很強烈，接著為了給過熱的經濟成長降溫並同時穩定通脹，我們可以用升息等政策來回收先前釋放出去的流動性；另一方面在成長停滯的局面中也是，經濟衰退時實體經濟的需求減少會引發物價下跌的現象，這時候為了防止經濟成長持續趨緩，以及振興景氣、防止物價持續下滑讓通縮壓力擴大，就經常會透過降息來放寬市場流動姓。

然而偶爾也會出現成長和物價背道而馳的現象，新冠疫情爆發之後的 2021 年就是一個代表性的例子。全球經濟在景氣紓困政策施展效果的情況下，一度出現強勁成長力道，卻在振興效果略為失效而呈現經濟衰退跡象時，突然出現一波猛烈的物價跌幅，嗯……這段話似乎非常值得商榷，請讓我再多做一點補充說明。

這裡提到的是「經濟成長趨勢」有所趨緩，但這並不意味著經濟成長本身已經完全陷入低成長的階段。和過去相比時會發現，2021 年至 2022 年美國經濟的成長步調相當穩健，儘管如此，考量到在這麼強勁的成長趨勢下，也曾出現一波稍微放緩的趨勢；以及在猛烈的景氣振興政策下，現在的經濟成長很有可能只是曇花一現；加上金融危機之後到目前為止，景氣都一直深陷在低成長的泥淖中，隨時都可能受到衝擊再度陷入同樣的低成長漩渦……我們可以說這些多重因素都的確會減弱我們對經濟成長的信心。

先別管通膨了，全力救經濟

在經濟成長趨緩的局勢之中，物價卻延續著史無前例的漲勢，2021 年上半年，聯準會就選擇將焦點瞄準經濟成長而非物價。新冠疫情以來雖然也開始展現強而有力的經濟復甦趨勢，但總感覺不是那麼可靠，因為過去也曾經發生過幾次景氣似乎要起死回生的樣子，但只要景氣紓困政策一收手，景氣就又跌回去了……經歷過好幾次類似的狀況以後，無論眼前的經濟態勢看起來有多旺盛，中央銀行應該都會

認為不能隨意放掉紓困政策的韁繩。

反過來說，雖然也有必要壓制在旁邊強勢上漲的物價，但從過去的經驗來看，物價通常只要稍微實施一下緊縮政策就會像雪融了一樣迅速瓦解，所以聯準會才會說這是「一時的」物價上升現象，並且用盡心思要迴避這個話題。為了挽救經濟成長衰退的現象，政府必須實施釋放金錢的政策；但為了阻止物價上升，就必須要把錢從市場回收回來，而如今卻是面臨經濟成長趨緩，物價卻反而上漲的現象，等於聯準會必須同時放錢出去又回收回來⋯⋯真的不得不用詭異的策略來因應對吧？只可惜的是這世界上並不存在這種奇怪的政策，所以聯準會面臨的狀況非常矛盾，最後也只能無奈做出這個結論──物價這端

的問題只是暫時現象——也就是說，聯準會選擇主張通膨是一時的，並且專心把心力放在經濟成長的目標上，於是聯準會史無前例的放錢大舉仍持續進行，並且連日反覆強調我們距離升息這件事還很遠。

只是聯準會的悠閒和幾項會刺激通膨發生的問題以各種錯綜複雜的形勢發生，終究讓物價開始高漲，且這波物價的漲勢很難被當作一時的現象，如果唯一負責看守物價的守門人——聯準會在這個局勢之中還繼續堅持說通膨只是一時的，還繼續維持釋放錢到市場上的作為，那就會讓人懷疑聯準會到底有沒有控制物價的意志，而這種疑慮就會強化「通膨沒有人能夠控制」的印象，讓通膨變得更為強勢。我認為現在狀況已經改變了，是該為控制通膨出手了。

大幅上漲的物價對美國的經濟成長也持續帶來負面影響，首先是物價漲勢所帶來的壓力，迅速冷卻美國民眾的消費心理，此外雖然勞工薪資上升了，但物價的漲幅更高，實際上薪資漲幅反而變成負值了。持有股票或不動產而在這波漲價潮中體驗過資產價格暴增的人終究比較少，對那些沒有持有一定資產規模的美國民眾來說，這波物價的大漲現象就成為巨大的負擔，聯準會這時候當然應該做出新的選擇。

　　然而聯準會卻陷入選擇困難的理由是，經濟成長停滯的隱憂擴大之際，物價卻狂漲至 40 年來最高的水準，只從挽救經濟成長的目的來看，必須維持低利率繼續往市場放錢，看從物價的角度來看又必須趕快升息，緊緊掐住錢的命脈。2021 年時聯準會雖然搶先在物價大漲的現象上貼了一個「暫時現象」的標籤，但如今如果還這樣做，壓力就變得太大了。

當經濟成長被通膨綁架……

　　此時此刻兩側戰線上分別闖進個性不同的敵人，如果聯準會還是對升降息舉棋不定，或者胡亂丟出莫名其妙的政策毫無章法地應對，那麼人們對於聯準會這個物價守門人的信任度就會大幅降低。在這種情況下先快速收服其中一方以後，再趕快回頭集中火力對付另一頭的敵人應該比較正確，與其把戰力分散到東西兩側，還不如趕快擊倒其中一側的敵人，再轉移陣容回頭對付另一邊，也就是參考二戰時期德

國採取的類似戰略。

聯準會在這裡被強迫做出選擇了，到底是要先解決經濟衰退的問題？還是要先收拾物價上升的壓力？答案已經出來了，聯準會最後選擇先控制物價上漲的問題。經濟成長放緩的問題在全球金融危機發生後已經長達十年以上了，是個長期交手的的老敵人了，但是一直到目前為止都還是很難說，我們已經擺脫低成長的僵局了，宣布勝利也還為時尚早，而且為了振興景氣就必須要降息，但是美國的基準利率早就掉到史上最低的水準，此外在新冠疫情之後也已經釋放了太多的錢，沒有餘力再繼續放錢了。

然而，物價上漲的特性和低成長有點不同，雖然物價一度漲到40年以來最高的程度，展現出強勁的漲勢，但和 2008 年及 2011 年的程度相比，並不像低成長一樣需要透過絕望的長期壕壕戰來迎戰。還有一個重點是，現在如果要想用調升利率來控制物價，那可以調的空間非常大，因為原本貨幣政策就已經放很鬆了，現在能用來緊縮貨幣的手段真的很多。

另外，如果現在預先以控制物價為目的投入眾多緊縮政策，那將來通膨獲得控制以後，要再急迴轉反向促進成長，就有更多的牌可以拿出來用，像是未來如果有需要再放寬放錢的時候，就可以把預先調升的基準利率再度調降。沒錯，如果說聯準會在 2021 年上半期將焦點放在經濟成長而非物價上升，那麼在物價暴漲的 2021 年底開始，聯準會就選擇先專心解決物價大漲問題，直到通膨進一步獲得控制為止。

現在的重點是美國聯準會的標準確實出現了變化，但是或許大家還是會好奇，雖然看起來像是把經濟成長和物價上漲切開放在兩邊，但實際上這兩個現象都同時在經濟體制內發生，在同樣的政策施力下，這兩者應該同時會受到影響？例如，為了控制物價而升息，那麼景氣的成長趨勢不也會受到升息的效果影響嗎？這樣在控制物價之餘不就導致了經濟成長萎縮的結果了嗎？根本沒有那種為了控制通膨調高了利率，卻不為景氣帶來影響的那種好事，這是天方夜譚。

電影中常常會出現人質橋段，現在就讓我們假設成長和通膨就是在這種人質情節裡出現的人物。通膨這個壞人把經濟成長抓起來當人質，並且對著聯準會這個警察大喊：「你如果用太強的緊縮政策把我

抓起來，那我手上的人質（成長）就會跟我一起死！」這時候對金融危機以後的長期低成長抱有嚴重創傷的聯準會來說，就很害怕他們用來抓住通膨的緊縮政策會同時瓦解通膨掐在手上的成長，而所有的市場參與者當然也很清楚這點，大家都知道聯準會雖然出面試圖控制物價，但實際上還是很難採取過強的緊縮政策。

　　現在再回到人質的情節吧，警察（聯準會）對犯人（通膨）拋出了這個警告訊息：「我不會再放過你了，這次會用很強的緊縮政策鎮壓你們！」但這時候犯人如果憤世嫉俗地這樣想：「還不是嘴上說說而已，最後的行動還不是不怎麼樣……」那他想必是不會輕易放過人質了，這麼一來會變成什麼結果？「聯準會控制通膨的行動失敗了，

還讓通膨更加強勢，接著就是引發 1970 年代那般長期的通膨」——聯準會可真的是騎虎難下，只要關注一下經濟成長走勢，通貨膨脹就到處肆虐；而出手控制通膨，成長卻又在地上叫苦了。但為了避免因小失大，就算控制物價會破壞經濟成長，這次聯準會卻不得不採取比市場參與者預期的程度「稍微更強的行動」，只是我們可以理解「很強的行動」是「很強的行動」，但是「稍微更強的行動」到底是什麼？

聯準會採取「稍微更強」的行動

前面我們用了人質的劇情做了說明，通膨正挾持著經濟成長當人質，但金融危機以後的十多年來聯準會就是這樣把經濟成長捧在手心的，當另一個課題通貨膨脹不受控地衝出來肆虐時，聯準會卻選擇袖手旁觀，這樣的聯準會在以經濟成長做擔保的通膨面前，是否真的能有效化解人質危機？說真的非常令人起疑，聯準會真的有辦法忍受一定程度的景氣衝擊，出來管束通膨嗎？對，我想這次美國聯準會應該會這麼做，而其中的理由有兩個。

美國聯準會在 1910 年誕生，在那之後延續百年以上的時間，經歷過無數經濟變化，從經濟大蕭條開始到兩次世界大戰、世界大戰之後的大繁榮期、石油危機與景氣沉潛、科技泡沫崩潰與金融危機，以及最近的新冠疫情……他們目睹無數榮景和蕭條反覆發生，也經歷過物價漲跌的穩定循環，並且在這些經濟的變化中，聯準會曾經針對不同

事件做出相應的升降息處方，那聯準會的這些處方是不是每次都很成功呢？當然也是反覆經歷無數次的成功和失敗。

有一個形容叫做「淋浴室裡的傻瓜」：有個人進了浴室轉開了水龍頭，一時間蓮蓬頭就澆下了很多冰水，「啊！好冰！」那個人邊叫著邊把開關往相反的方向轉，但這時候蓮蓬頭又突然灑下高溫的水。「啊！好燙！」這時候他又大叫了起來，想都沒想又趕快調降了水龍頭的溫度，但是水溫可以一次就調到適合的溫度嗎？當然沒辦法。最後只能反覆叫著：「啊啊！好冰！啊啊！好燙！」好不容易才把水溫調好享受了溫暖的熱水澡。雖然這個故事的結局是好的，但這個好不容易順利洗完澡的人，想必也在過程中被滾燙的熱水燙得體無完膚了。

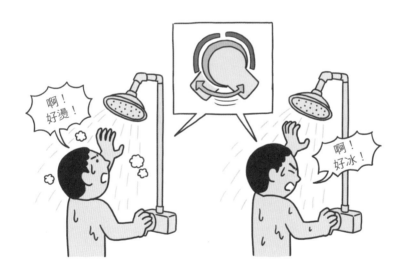

其實這個「淋浴室裡的傻瓜」並不是我寫出來的故事，而是一個非常知名的比喻，專門用來諷刺中央銀行的政策。物價正一點一滴地

往上升，但太過在意過去的景氣沉潛狀況而忽略物價上升的跡象時，通膨力道就可能突然變得非常強勢，猶如滾燙的熱水一般。結果聯準會為了控制這個熱水又拋出了效果顯著的緊縮處方，這次卻又會讓通膨過快冷卻，演變成景氣的停滯結果。

大通膨時代的夢魘再現

1970 年代經歷過的大規模通膨就是代表性的失敗案例，現在先讓我們看一下美國消費者物價指數的圖來研究一下吧！（圖 16）

第二次世界大戰結束之後，美國經濟就開始了非常甜美的大好時光。1950 年代～ 1960 年代物價的上升率並不算高，而美國經濟的成長也是一時獨占鰲頭，至少在 1960 年代中期為止，幾乎都還看不到物價的漲勢。

1960 年代在美國和舊蘇聯之間冷戰矛盾最嚴重的時候，越南戰爭曾一度造成社會不安的擴大，當時美國的詹森總統（Lyndon Johnson）就曾以「偉大的社會」（The Great Society）作為口號，發表強力的福利政策，而這類社會福利政策的支出，也一路延續到了下一任總統尼克森（Richard Nixon）的任期。

力道強勁的財政支出雖然一時之間可以擴大個人消費，但也正因為政府財政支出相當龐大，美國的財政赤字變得非常嚴重，而財政赤字嚴重的國家所發行的貨幣信賴度也會因此降低，所以當時美元的信用就降到非常低的水準。

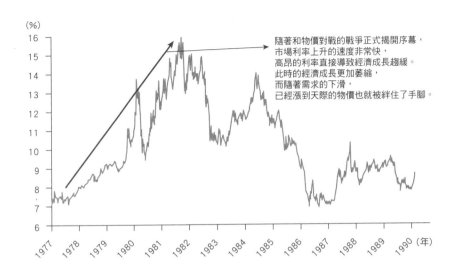

（%）

隨著和物價對戰的戰爭正式揭開序幕，
市場利率上升的速度非常快，
高昂的利率直接導致經濟成長趨緩。
此時的經濟成長更加萎縮，
而隨著需求的下滑，
已經漲到天際的物價也就被絆住了手腳。

圖 16 · 美國十年期公債殖利率走勢圖（1997 年～ 1990 年）

為了抑制漫天上漲的大型通膨，美國聯準會主席保羅・伏克爾（PAUL VOLCKER）大膽
採取將市場流動性回收的緊縮政策，使得市場利率大幅飆升，也成功讓通貨膨脹俯首稱
臣。之後在通膨趨緩的徵兆出現的 1982 年～ 1983 年期間，雖然很快就放鬆了緊縮的索
套，也確實控制了通膨，但當時經濟衰退的現象也達到非常嚴重的程度。

⋯⋯

　　這時候還發生另一件更加打擊美元信用的事件——1971 年 8 月尼
克森總統廢除了金本位制度。在金本位制度中，限制國家只能印製和
國家持有的黃金數量一致的美元，廢除這個制度以後，美國就能隨意
增加美元的供給量，但是美元的供給一變多，美元的價值就會呈現弱
勢，而貨幣價值的下跌反過來說就等於是物價的上漲，也就是我們一
直說的通貨膨脹，於是 1960 年代中後期稍微探起頭來的通膨在進入

1970 年代初期以後就開始愈來愈囂張了。

被低估的通膨預期心理

　　另外時機也非常不湊巧，當時剛好又碰上了第四次中東戰爭，中東石油國家為了報復馳援以色列的美國，因而發表禁止石油出口的政策。這時候心裡已經對通膨感到不安的美國民眾，正好聽到了遠方中東國家禁運石油的消息，大家會做出什麼反應？當然是先衝去加油站了，因為要趕在油價大漲之前趕快去加油！當時美國全境的各加油站都開始掛上了「沒有油」（No Gas）的告示牌，美國境內的能源採購費用也跟著大幅調漲，在物價上漲壓力發生以前遇上原油供應中斷的事件，無疑是讓通膨力道更加強勁了。但是聯準會在這時候難道沒有趁

早出手抑制通膨？

　　當時美國聯準會的主席是伯恩斯（Arthur Burns），他始終抱持著一貫的態度認為：「這是國際油價上升催化的猛烈物價漲勢，聯準會怎麼能夠控制這樣的局面？」對，他說的其實沒有錯，聯準會透過調升利率來實施緊縮政策，對於稍微壓抑需求暴增的後果多少會有幫助，可以稍微控制景氣過熱下需求暴增所引發的物價上漲。但是這時候是因為產油國家不願供應原油而造成能源價格上漲、物價上升，這個狀況聯準會就算出手升息難道事情就能有所轉圜嗎？就算這樣產油國也不會增加石油的輸出，這個結論最後卻是一個大失誤，聯準會作為全世界唯一的通膨守門員，卻對物價的上漲抱持著消極的態度，這樣世界上又有誰能鎮壓通膨？於是這種苦無救兵的心理就在整個市場上蔓延了起來。

　　物價好像會再漲，那東西是以後再買，還是現在就買？沒錯，當然要提早買，於是人們就先把未來要做的消費都提前了，現在就趕快採買，原本的消費結合未來的預定消費一起在當下不受控制地爆發了，物價更加肆無忌憚地高漲起來。物價漲得愈高，人們想預先囤貨起來的心理需求就會愈發擴大，這些因素都讓通膨變得更強。這其中最關鍵的就是人們認為物價即將上漲的心理，也就是所謂的「通膨預期心理」。

　　通膨預期心理愈強，就愈會提前做未來的消費，使得當前的市場需求爆發，更加強化通膨的力道。無論再怎麼說這只是供應端的通膨現象，只要一直灌輸給人「沒有人會警戒通膨」的想法，且通膨的現

象長久持續下去，就會在人們的心裡深深刻下通膨的期待心理，這麼一來就等於另外從需求端也繼續加重刺激通膨，讓通膨延續得更久、影響更深遠。1970 年代曾任聯準會主席的亞瑟‧伯恩斯選擇對此視而不見，最後那波通膨就一路從 1970 年代末期為止，一路延燒了十年。

說個閒話，亞瑟‧伯恩斯據說是當時尼克森總統的摯友。美國總統的任期制度是上任四年之後還能透過改選再續任一次，於是為了連任大業，總統就必須提升自己在大眾之間的受歡迎程度對不對？而經濟的狀況自然是深深牽動著總統的人氣，景氣良好的時候當然對現任

總統改選出線有利，但景氣如果不好，就可以預期出現相反的結果。所以對當時的尼克森總統來說，為了討好大眾，應該也恨不得景氣始終保持火熱吧？所以儘管當時通膨的徵兆已經非常明顯了，伯恩斯帶領的聯準會卻沒有大膽採取緊縮政策，最後這種聯準會的安逸態度就招來了「大通膨時代」（The Great Inflation）。

「安逸」這個詞是不是聽來很熟悉？其實這是在本書第 5 章就出現過的單詞，有幾位學者已經提到最近的狀況和 1970 年代很類似，這些主張大致都是緊咬著這次物價上漲的現象本身就和 1970 年代相去不遠了，但竟然就連聯準會應對危機的安逸態度都和過往如出一轍。

不過 1970 年代曾經讓人覺得會持續到永遠的長期物價漲勢，在邁入 1980 年代後還是徹底被打破了，後來一直到 2000 年代之後才又開始出現明顯的漲勢。但是在 1970 年代讓人覺得絕對沒有機會低頭的物價為什麼在 1980 年代卻融化了呢？通膨是自然而然就消失了嗎？——當然不是這樣子。

1970 年代末期美國聯準會主席換了，新上任的主席是伏克爾，據說他是一位身高高達 205 公分，是個身材高大性格耿直的人。伏克爾主席在走馬上任聯準會之後，就確信解決通膨問題，並帶領美國經濟開拓長期成長，是在他任期中重中之重的任務，所以他很快就選擇直接面對通膨問題。

當時他面對的是熟成過程長達十年，已經充分強大的通膨，且人們對通膨的預期心理非常穩固，要徹底解決這個問題並不容易，保羅

認為必須連根拔起通膨問題的根，就算會因此短期傷及實體經濟，而為了控制通膨，中央銀行的功能就是去抓住錢的命脈。

所以聯準會開始緊抓錢脈了，當聯準會開始吸收市場上的金錢流動性，很快市場上就出現資金不足的現象。大家都已經知道，利率代表的就是「錢的價值」，因為金錢的供應大幅下滑，代表金錢價值的利率就開始大幅上漲，此後可以被稱為美國基準利率的超短期利率就上升到接近20%。中央銀行會對一般商業銀行這樣信用優良的機構提供資金，但就連信用這麼高的對象都要用接近20%這麼高的利率借貸，那和這些機構相比，信用度更低的一般中小企業等企業主體，當然就必須用更高的利率才能借到錢。1980年代初期美國失業率超過一成，比2008年金融危機當時的失業率來得高。（圖17、圖18）

利率高升而造成不景氣的降臨，當然會大幅萎縮實體經濟的需求，如果需求下降，商品價格卻還很高，自然沒有人要去購買價格高昂的產品，這麼一來價格不就自然下滑了？果然，之後物價就迅速恢復穩定了。

另外，美國一升息持有美元時能獲得的利率也跟著增加了，這樣市場對利率更高的美元貨幣自然會產生更多需求對不對？當市場對美元的需求增強，美元就走強了。既然美元變強了，那就美國的立場來說，從海外進口產品就能用更便宜的價格購入。

假設美元兌韓圜為1美元兌1,000韓圜，那對美國人而言，就是折合1,000韓圜的商品必須用1美元來購買；那當美元走強，匯率變成1美元兌2,000韓圜，那美國人要購買1,000韓圜價值的商品時就

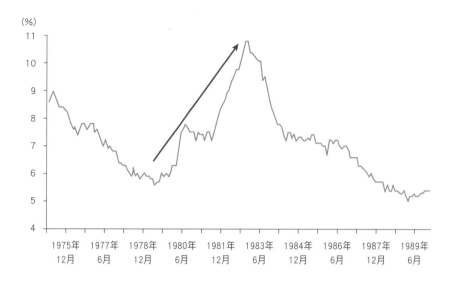

圖 17．1980 年代美國失業率走勢圖（1975 年～ 1989 年）

伏克爾的緊縮政策牽引了利率的上升，不僅物價受到衝擊，經濟成長也跟著受制。1979
年開始失業率大規模上升，1980 年代初期的失業率超過一成，幾乎到達 11%，美國經濟
也同時面臨不正常的景氣衰退，可以説為了治療通膨這個嚴重的大病，不得不做一點犧
牲。

可以用 0.5 美元購買，而 2,000 韓圜價值的商品就能用 1 美元買到。
由此可見，美元走強即代表進口物價下滑，這時候已經因為需求萎縮
物價正在下跌，又連同強勢美元的影響導致進口物價也跟著下滑，這
兩者的交互作用下就讓美國國內的物價以非常快的速度恢復穩定。

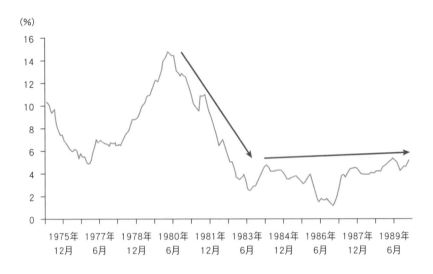

(%)

圖 18 · 1980 年代美國消費者物價指數

伏克爾採取了強力的緊縮政策之後，美國消費者物價指數就開始以極大的跌幅下滑，曾經一度比前年大漲 14% 的物價指數到了 1984 年時，和前年的物價指數相比僅剩 3% 的差距。不過相較於一時的跌幅，在那之後物價都沒有再抬起頭來的這個特徵顯然更為重要，特別是在 1985 年～ 1986 年國際油價暴跌的期間，物價漲勢始終落在 2% 上下，顯示對抗通膨一役取得了重大的成功。

終於控制通膨，卻付出極大代價

　　1970 年代非常強勁的通膨，在 1980 年代伏克爾投入高效緊縮政策之後得以受到抑制，然而通膨問題雖然被解決了，其中要付出的代價也是不容小覷。1970 年代人們深受通膨的折磨，在打擊通膨的過程

中又必須忍耐超高利率帶來的短期經濟衰退，在這段期間中有將近四成的美國中小企業破產，製造了史上最大的失業潮，這些都是對付通膨必須犧牲的代價。通膨肆無忌憚的肆虐市場是個問題，但如果不把握時機徹底斬斷通膨，那人們心中就會深埋通膨的預期心理，讓通膨變成完全不受控制的怪物，只是反過來看，抑制通膨的過程也是一段非常痛苦煎熬的過程。

高速公路上有所謂的「區間限速」，單點測速的方式是一種，但現在也有很多那種要人在十公里這麼長的區間裡保持平均時速 80 公里駕駛的「平均速限區間」。原本就喜歡開快的洪吉童今天又開上高速公路了，他很快就開進了區間限速的範圍內，但因為邊聽音樂邊

開，而且幾乎都在放空只專心看前面的路，所以完全沒有意識到自己開在區間內而且超速了，一路上都維持時速 100 公里，直到音樂停了才突然驚覺導航軟體上一直亮著超速的紅燈，告訴他這個限速區間只剩下 1 公里，而且剛才的平均時速都超過 100 公里，要趕快降速才行。太晚才發現這個事實的洪吉童應該採取什麼反應？沒錯，當然要趕快踩剎車降速，應該用比限速 80 公里更低的 60 公里時速繼續開，努力把區間內的平均時速壓回規定內，雖然這時候他不能再享受開快車的樂趣了，但他必須馬上降速才能確保自己平安無事地開過限速區間。

但是洪吉童卻連這樣降速都不肯，於是又磨蹭了 700 公尺繼續開快車，這下距離限速區間終點不到 300 公尺了，這時洪吉童終於意識到了事情的嚴重性，決定趕快壓低車速，但這時候就算把車速壓在 60 公里以下也於事無補了，剎車必須踩得特別大力，人還會往前衝，是很不舒服的體驗。

讀這段洪吉童的案例時各位大概心裡有底了？在通膨快速擴張的狀況中，一路保持著安逸態度的聯準會這時才終於意識到問題的嚴重性，眼前只剩下 1 公里了，卻還在猶豫不決，等到剩下 300 公尺了才就不得不用更極端、更強勢的緊縮政策才會有效。

這種突如其來的緊縮政策對實體經濟當然帶來了非常大的衝擊，就像伏克爾在 1980 年代初期才很晚採取行動，為了制服變得太過龐大的通膨怪物，就不得不犧牲景氣一樣，但現在就算已經為時已晚，難道不應該趕快出手面對嗎？是的，聯準會的態度之所以大轉彎，決定犧牲景氣來專注解決物價的問題就是基於以下這個首要理由：不現

在趕快控制通膨的話,將來就得付出更大的代價。這就是他們在 1970 年代～1980 年代學到的教訓。

聯準會的新策略「以退為進」

大家有聽過「陳年痼疾」嗎?所謂的「陳年痼疾」指的是「長久無法治癒的疾病」,沒有辦法根治,只要一有狀況就會隨時復發。人說「腰痛是種陳年痼疾」代表的是腰部的疼痛已經超過了一定的程度,雖然不是一直持續在痛,但只要受一點刺激就會出現疼痛的信號,所以事前預防非常重要,只要出現一點疾病就要快點投入治療,在這個疾病演變成「陳年痼疾」之前就要採取行動。

剛剛談了好長一段聯準會和通膨的話題,突然又講起了痼疾的事了,現在再回到正題吧,這次讓我們仔細閱讀一下美國葉倫財政部長對通膨的說法:

— 葉倫:「鮑爾的聯準會應該要在物價上漲成為痼疾之前趕快行動。」

當地時間 22 日,美國財政部長葉倫在 CNBC 的訪談中提到:「傑羅姆‧鮑爾主席和萊爾‧布蘭納德副主席的提名將會獲得全面的支持」,

---

以及：「他們會在平穩物價和安定就業兩大任務中好好找到平衡」（中略），除此以外他也補充道：「長期來看聯準會必須避免物價飆漲成為陳年痼疾」，並表示：「我相信鮑爾主席一定會這樣做。」

——《租稅日報》，2021/11/23

是不是馬上就在報導中看到「陳年痼疾」這個詞了呢？葉倫財政部長表示應該要阻止通膨變成陳年病痛，並且也提到鮑爾主席之後最需要銘記在心的任務。當通膨變成頭痛的痼疾，就會為美國經濟帶來長期負擔，不過葉倫財政部長顯然非常信任鮑爾主席會有效處理這個問題。只是說來說去，究竟當通膨變成長期問題時會引發什麼後果，讓大家需要如此提防？

先前已經多次提到國際金融危機以後全世界就陷入低成長·低物價的泥淖，為了擺脫這個僵局，各國政府需要動員多次景氣紓困政策，甚至也還不如去祈禱，希望景氣會因此復甦。然而每次政府實施振興政策時景氣都會稍稍出現起色，稍微收手後卻又會恢復原樣，這也是為什麼在 2008 年金融危機爆發後長達十多年的漫長旅程中都始終無法確實擺脫低成長的僵局。在前面引用的新聞中，作為主角的葉倫財政部長在 2016 年時曾是聯準會的主席，當時葉倫財政部長就曾主張用「高壓經濟」（High Pressure Economy）來突破這個艱難的狀況。

需求原本就很疲弱，只要政府稍微暫緩景氣紓困政策，需求就會快速崩盤，使得經濟再次陷入低成長中，這時葉倫就做出了這樣的主張——用強力的景氣振興政策為市場帶來持續、強效、慢性的多餘需求。這段話是不是稍微有點難理解？所謂製造慢性的多餘需求指的就是在採取景氣振興政策時，就算出現的效果令物價微幅上升也不需要害怕，不該因此收手，反而應該堅持下去，繼續長期且強力地推動振興政策。

其實這個高壓經濟的哲學在新冠疫情爆發之後也正在被實踐中，儘管負債高昂，但既然碰上了可能會讓經濟停滯的醫療保健危機，聯準會就不能不站出來為景氣紓困。這時候所採行的景氣紓困政策的規模會比以往的各種振興政策都還強，就是因為擔心如果在景氣稍微露出一點好轉跡象，或是物價出現漲勢時就撤回振興政策，會讓經濟再次跌落低成長的深淵……在這個深層的擔憂之下，聯準會一路延續著景氣紓困政策，而持續製造出的額外需求會讓企業認為多餘的需求不會消失，懷抱著需求會持續增長的期待。由於眼前的需求不是一時的現象，企業就能勇於投資，用以增進就業或是個人所得，而消費也能因此被活化。總而言之，擺脫經濟的低成長不能單單只靠景氣振興政策本身，而需要透過強大的振興政策，發揮母雞帶小雞的擴散作用，讓市場建立自我再生的永久能力，創造能持續擺脫低成長僵局的動能。

高壓經濟的副作用

　　只是高壓經濟的副作用也不容小看。人們之所以會相信實施強力的景氣振興政策不會衍生後續問題的原因，主要是認為在物價穩定的狀況下，通膨不會有機會變得太強，但可惜的是當政府實施太強的紓困政策，且投入過久時，通膨這個怪物還是會肆無忌憚地抬起頭來，這是不是讓人非常困擾？更何況這個通膨並不是稍縱即逝的東西，萬一真的像是陳年疾病一樣，每次投入一點紓困力道時又迅速復發怎麼辦？

　　前面我們也提到聯準會對付經濟衰退的戰爭已經展開很久了。雖然是很場很難打贏的戰役，但好在每次開戰時，聯準會手裡都還有無限放錢等足以和低成長對抗的武器，聯準會釋出的錢愈多，通膨就愈有機會出現造成物價大幅上漲，不過幸好在過去十多年內那些現象都不曾發生。

　　在過去通膨陷入沉睡的期間裡，經濟衰退是非常難應付的敵人，這個敵人超過十年都無法被消滅，這時候如果通膨變成陳年痼疾會造成什麼影響？試想現在景氣衰退的徵兆又變明顯了，是個非得馬上實施景氣振興政策的時刻，但很不巧的是，我們必須擔心市場上的錢一變多，通膨就會隨即睜開眼再次復發。如果通膨演變成陳年宿疾，就算只是個微不足道的小型振興政策都會讓通膨再次爆發，這等於扯了振興政策的後腿，原本對抗景氣衰退就不容易了，如果每次和經濟衰退鬥法時都會把老毛病「通膨」喚醒來打自己的後腦勺，這樣豈不是

讓經濟衰退的問題變得更棘手？

　　聯準會有強化經濟成長和穩定物價兩大任務。物價原本還算穩定，所以聯準會全力促進經濟成長，但就算實施了力道猛烈的政策，都還沒辦法達成經濟成長這個任務，未來勢必需要付出更多努力，這終究是一個必須長時間付出心力的任務。然而通膨這個不速之客的復活如果變成固定戲碼，那將來擺脫經濟低成長的任務就只會愈來愈窒礙難行，所以從中長期的計劃來看，就算短期內經濟成長會略為趨緩，但提早抑制通膨的發生，讓它不要老是出來阻礙景氣振興政策，應該是比較有智慧的策略。

　　有句話說：「以退為進」，透過前面提到的高壓政策來達成擺脫景氣衰退的長期任務時，不妨暫時抽離一下，迅速鎮壓那個大事小事都要出來攪局的壞蛋通膨，或許會是相對合理的做法，這也是聯準會之所以要暫時關注物價的次要原因。接下來就先讓我們來看看聯準會主席鮑爾的意見。

　　美國聯準會主席傑羅姆・鮑爾在 10 日（當地時間）宣示將阻止美國的高通膨現象陷入膠著。

　　鮑爾主席在參議院聽證會召開一天前的公開書面問候詞中提到「我們將會大力支援經濟和勞動市場，也會祭出各種手段來避免物價上漲持續膠著。」

　　　　　　　　　　　　　　　　　　　　　　　　　　　　　　　　　── 《聯合新聞》，2022/01/11

在這裡讓人在意的語句就是「通膨的膠著化」，我們可以看到葉倫財政部長和鮑爾都紛紛使用了「痼疾」和「膠著」這類的詞彙。下面我們再多看一則拜登總統的意見：

> — 拜登：「支持聯準會的緊縮政策……我們必須阻止物價上漲膠著化」
>
> — 《Newsis》，2022/01/20

「膠著化」這個詞為什麼會被用這麼多次？現在能理解為什麼聯準會主席、美國財政部長，甚至連美國總統在內都使用了這個詞？如果因為擔心經濟成長而忽略物價上漲的問題，就很有可能要付出更多的犧牲，為了達成中長期的目標，也可能誤搬石頭來砸自己的腳，所以聯準會才會這麼積極地出來打擊通膨。

通膨總整理

各位也曾經有過這樣的感覺嗎？書讀著讀著就感覺前面的內容一點一滴地蒸發掉了，或許在讀著「通膨」這般枯燥無味又很重要的主題時，往往會有這樣的一個瞬間——腦海中無意間閃過：「好了啦，我懂了！」的念頭，但書頁翻過去之後卻又不記得到底讀過什麼，所以我先來簡單整理一下前面說過的內容。

雖然了解物價上漲的概念也很重要，但我們同時也需要理解物價

上漲即代表貨幣價值的下跌，而貨幣價值的下跌則多半來自於無限制的貨幣供給。為了降低新冠疫情衝擊，貨幣與財政層面的無限制寬鬆政策既過度又漫無章法，讓貨幣價值蒙受巨大的下跌壓力，這使得物價相對大漲，招來了通膨的降臨。

然而過度放錢雖然是導致這些結果的直接原因，但不是單一的因素——忽視物價攀升後果的通膨守門員聯準會；受到 Delta 及 Omicron 病毒變異株帶來的新一波疫情影響而瓦解的供應鏈；不動產等資產價格上升致使人力離開工作崗位，間接被迫上漲的勞工薪酬；跟不上爆發性需求的生產量⋯⋯種種原因加成之下造就出了 1970 年代以後最糟糕的通貨膨脹現象。

然而美國聯準會也不是毫無根據地一路抱持著安逸的態度。回顧聯準會經歷過的過去十多年時間，新冠疫情以後出現的通膨和過去的程度相比還是相對比較虛弱，讓聯準會認為不足以用過去那般強勁的力道來因應，所以才讓被封印的通膨跑了出來，開始到處肆虐。與此同時通膨這個怪物還挾持「經濟成長」當人質，它告訴聯準會：「如果你用升息之類的緊縮政策來抓我，那經濟成長就跟我一起死！」這樣聯準會怎麼敢出手呢？不⋯⋯這下子聯準會應該怎麼辦才好？

如果因為過去十幾年來經濟成長都一直處於相對疲弱的狀態，而使得聯準會決定加強保護經濟成長，也就是擔心人質會受到傷害，所以在打擊通膨的時候戰戰兢兢不敢輕舉妄動，就無法有效地控制通膨。但是這次聯準會有了出手控制通膨的理由，第一是通膨的規模已經非常龐大，如果不趕快踩剎車，等它長得更大時剎車就必須踩得更

大力；；第二，當通膨變成難治的痼疾，或許還有機會看到當下經濟出現成長跡象，但中長期以上的穩健成長就不用期待了。這是一個必須以退為進的時刻，所以原本在通膨這個綁架犯面前躊躇不前的美國聯準會也改變了立場，展現了和先前截然不同的態度，無論如何都要抓住通膨。

前面多次提到通膨會如此劇烈的原因，主要基於聯準會的安逸放任態度。物價在 1960 年代末期開始正式上揚，該現象一路延續到1970 年代初，這段時間在任的聯準會主席亞瑟‧伯恩斯始終對通膨抱持著非常輕鬆不積極的態度，之後通膨慢慢演變成陳年痼疾，到 1980年代必須付出極大的代價才有辦法解決。雖然我們對著既成事實做出與事實不同的假設沒有什麼意義，但如果 1970 年代初期聯準會就強力出手打擊通膨，那時的通膨還能變得那麼強嗎？

雖然現在做這個假設：「如果聯準會在 1970 年代物價一開始上升的時候就認真出馬解決……」已經於事無補，但現在問這個問題卻還是很有意義：「如果聯準會這時候可以站出來積極面對，狀況會變得如何呢？」明明病得愈來愈重了，這時候本來就不應該放任病情繼續發展，反而應該趕快投入精密手術，趕快把病治好。現在的通膨雖然已經很嚴重，但如果聯準會可以積極做出行動，不就能避免通膨變得太強嗎？但是接下來馬上就會出現這個疑問：我們已經知道這次聯準會的態度和 1970 年代不一樣了，但在經濟成長被當作人質的狀況下，聯準會真的能夠做出任何強勢的舉動來回應嗎？現在來到通膨的最後一段了，讓我們來勾勒一下通膨未來的走向，首先我們會先談談「非

鷹非鴿」的話題。

非鷹非鴿的布拉德總裁

「非鷹非鴿」是結合「老鷹」和「信鴿」的新造語，老鷹是具有強勢形象的猛禽類，而鴿子就如同大家都知道的，是和平的象徵。在金融市場上經常會化用老鷹和鴿子的形象來帶入中央銀行的各種政策。我們說到中央銀行的政策時，大概都是指「往市場放錢、或者把放出去的錢回收回來」這兩大項，至於其中哪一項是鴿子呢？——當然就是「放錢」那端了。

中央銀行釋放錢到市場上當然會大受市場歡迎，會讓金融市場變得更平易近人，給人和鴿子一樣和平溫暖的感受；反過來當中央銀行把錢回收回去時，金融市場受到的壓力就會變大了，就像受到老鷹攻擊一樣，感覺有什麼東西被奪走了，大家才會經常用鷹派來比喻中央銀行實施的緊縮政策。當中央銀行採取寬鬆和緩的態度時，就會說這是「鴿派」，反之丟出緊縮牌時，就會說是「鷹派」。

稍等一下，那如果原本是鴿子卻突變成老鷹又該怎麼稱呼？有個雖然不算耳熟能詳，但從詞面上卻非常一目了然的用語——那就是所謂的「非鷹非鴿」。而最具代表性的非鷹非鴿人物就當屬布拉德（James Bullard）總裁了。

先稍微做個簡單介紹，布拉德總裁是美國聖路易聯準會（Saint Louis Fed）的總裁，講到美國聯準會的總裁我們首先會想到鮑爾主席對吧？鮑爾主席是美國全體聯準會的首長，就像美國也被稱為「U.S.A.」（*United States of America*，意即各州的聯合）一樣，美國是由各個聯邦政府（州）組成的國家，在某些主要區域也有自己的「地區聯準會」，而聖路易就是其中一個主要的州，而布拉德則是這個聖路易聯準會的總裁。

布拉德總裁在新冠疫情爆發後就曾經強烈表示：「必須要積極對市場釋放錢，這樣才能挽救金融市場為首的世界經濟！」他認為必要時甚至需要考慮降息成負利率，且要長時間撒出更多的錢讓市場放心、讓金融市場得以恢復，是一位直言快語的大老。金融市場的參與者當然很歡迎布拉德總裁的意見了，每當他提到「應該持續放錢」這番話

時，臉上都無不揚起歡快的笑意。剛剛說到寬鬆放錢的姿態被稱為「鴿派」對吧？在新冠疫情爆發之後到 2021 年上半年為止，我也認為這位布拉德總裁是所有聯準會代表人物中對放錢最積極的「大鴿子」，但後來這位突然改變立場，在物價突然出現猛烈漲勢的 2021 年 6 月，新聞上突然出現了他的這番意見：

> ── 大鴿子布拉德總裁突變成「大老鷹」……「預計在 2022 年底首次升息」
> ── 《聯合 Infomax》，2021/06/19

這裡引用了一篇新聞標題，標題上也用了「大鴿子」這個形容，可以見得輿論對他的態度改變也大感吃驚。一個始終呼籲應該停止撒錢的人，如果用同樣的理論警告大家應該停止放錢，自然就不會上新聞了，但是先前把大撒現金掛在嘴邊講得口沫橫飛的人卻突然態度一轉，告誡大家應該趕快升息投入緊縮，這下當然會引發熱議了，更何況布拉德總裁的態度並不是「現在應該稍微減少放錢的力道」，而是幾乎搶在所有聯準會大老之前率先表示：「2022 年底應該要進行首次升息」。要知道在 2021 年 6 月那時，還幾乎沒有人提到「翌年應該升息」這件事。

敘述這類罕見輿論的專門用語是不是「少數意見」？但我們不能因為這是少數意見就全部無視。見解如果有其道理，且未來事實命中率很高的時候更不能隨便當作沒看到，反而應該好好剖析這個人基於

什麼理由說出這樣的話。特別是當一個說話者經常被人評價為：「絕對不是會隨便說話的人，應該好好聽聽他說的話」，那我們就更該洗耳恭聽他說的話對不對？至少我認為布拉德總裁就是一個值得傾聽的對象。

　　在這裡我們再稍微回顧一下布拉德總裁的事蹟吧，首先是在 2018 年所發生的事。2015 年～ 2016 年美國準備升息的時候，曾經一度動搖全世界經濟，造成一波景氣挫折，之後聯準會的升息速度就大幅減緩了。2016 年 11 月就職的川普總統答應大家要實施強力的景氣振興政策，於是全世界就在這個高度期待下開啟了快速的經濟成長期。當時升息的速度緩慢，經濟成長則在勢頭上，如果那時候升息的速度跟上成長擴大的速度，經濟成長就會被絆住手腳；但如果狀況反過來，經濟成長穩穩超過升息的速度，成長得又快又強，那升息就不會成為

經濟的絆腳石了。當年就是因為經濟成長的強度和速度都比升息來得又快又猛，所以 2017 的金融市場呈現了美好的強勢局面，韓國綜合股價指數（KOSPI）在那時候也總算擺脫了總是在 1,900 點至 2,100 點間浮動的「箱子股」（注：是韓國的新造流行語。將韓國綜合股價指數的前半段打趣改成「Box」，用以形容某段時期股價只在固定區間浮動的韓國綜合股價指數像被困在箱子裡，令人煩悶），在短期內就衝上了 2,600 點。

然而在經濟成長趨勢相當強勁的狀況下，物價一出現飆漲的現象，聯準會當然就立刻打出手裡的升息牌，在 2018 年的 3 月、6 月、9 月、12 月分別實施了四次升息。雖然當時的景氣依然很火熱，但還是無法撐過一年四次升息的打擊，升息的餘波讓全世界的金融市場在 2018 年一起陷入苦戰。這時候就讓我們來看看布拉德總裁在 2018 年 5 月的發言：

— 聖路易聯準會總裁：「沒有必要繼續升息」

　　　　　　　　　　　　　　　　　— 《聯合 Infomax》，2018/05/11

— 美國布拉德總裁：「聯準會很難再大幅升息了」

　　　　　　　　　　　　　　　　　— 《NewsPim》，2018/05/29

這幾篇報導指出當聯準會正在加速升息的時候，布拉德總裁卻已經率先提到再繼續升息就太勉強了，當時其他聯準會人士是不是應該要聽聽布拉德總裁說的話？後來曾經強調繼續升息不合理的他，在

2019 年又更進一步呼籲應該要投入降息，之後聯準會的確為了支撐實體經濟，就在 2019 年實施了三次降息。請容我引用 2019 年 8 月布拉德總裁的建議當作參考：

— 布拉德：「希望聯準會可以降息……就算幅度不大也好」

— 《News1》，2019/08/07

— 布拉德：「景氣不好應該要再多降息一點……以後再調回來就好」

— 《News1》，2019/09/20

正因為他能非常犀利地預測實體經濟的脈動，所以能比其他聯準會人士更快且大膽地做出政策的調整，他的預測事後也都一一應驗了。

布拉德總裁就像上面說的一樣在 2018 年和 2019 年都做出應該要停止升息的判斷，甚至明快地主張應該要降息，做出了鴿式的評論。這次讓我們再往前一點來觀察他的眼光，這是 2015 年的新聞：

— 布拉德總裁：「升息再放慢就會製造資產泡沫」

— 《News1》，2015/05/29

布拉德總裁的神準預言

對，在 2015 年他反倒擺出老鷹姿態了，這篇是他主張應該從 5 月開始趕快升息的新聞內容，當時他比任何人都快出來站出來表態應該要趕快升息，同時也比任何人還快改變態度，所以與其用「這個人比較接近鷹派、這個人比較接近鴿派」來形容他，不如把他想成隨時都會根據狀態很有彈性且快速的改變政策的人物。

現在再讓我們回到 2021 年，布拉德總裁在新冠疫情擴散後，隨即主張應該要大力放錢，因此被稱為大鴿子，到了 2021 年下半年卻又比任何人還快轉成鷹派，表態應該趕快投入緊縮政策。如果把他當成鴿子去餵食，弄不好還會被突變的老鷹攻擊，因為他雖然看起來像是隻鴿子，但實際上卻是深藏不漏的老鷹呀，用「非鷹非鴿」來形容他相當合適。

到這邊已經講了好多關於布拉德總裁的事，但這裡並不是想表達「這位人物說的話全部都是對的」，只是覺得學習經濟、研究金融市場時，我們很有必要好好聆聽這些賢者的見解。聆聽各領域專家的建議時，先不論這個人說的話是對或錯，都能帶來我沒有想過的新知和新想法，也比較能從單從同一方向解說金融市場的陷阱中跳脫出來。當我們心裡拋出：「我覺得物價應該沒有辦法繼續往上漲，為什麼布拉德會覺得物價還會繼續漲？」這個問題時，接下來也能用比較開放的心態告訴自己：「也許我有哪個部分想錯了？」

現在我們要再回到 2021 年 6 月，讀讀當時布拉德總裁的話：

> 他（布拉德總裁）主張聯準會主宰政策的當局者們有必要「更敏捷（nimble）採取行動。」
>
> 布拉德總裁在談到縮減購債（Tapering）的話題時，提到聯準會主席鮑爾在本週正式開始了縮減購債的討論，之後會有「更深刻」（more in-depth）的商討過程。
>
> ——《聯合 Infomax》，2021/06/19

2021 年 6 月布拉德總裁一改鴿派路線，轉身變成大老鷹，並強調應該要趕快進行縮減購債，他之所以改變態度的原因在於，確信物價還會繼續往上漲，應該要更敏捷地面對問題。在這裡請不用過度在意其他語句，優先記得「敏捷地」這個詞彙即可。

說完了布拉德總裁的故事，接下來再回到聯準會的話題。2022 年初，記者們紛紛問正準備轉換成緊縮態勢的鮑爾主席今年預計升息幾次，這個問題看似簡單，但背後其實隱藏了深意，為了控制物價升息並不是個問題，但究竟會升多少？以及該升多少才不會大幅破壞實體經濟成長又能控制物價？記者的問題背後其實藏著這些複雜的概念，而面對這個尖銳的題目，鮑爾主席是這麼回答的：

> 面對記者詢問聯準會是否會在今年剩下的聯邦公開市場委員會（FOMC）會議前後升息，鮑爾沒有當場給出答覆，反而表示有必要

> 「更謙遜和敏捷地（humble and nimble）來面對」，並提到「會根據
> 未來的資料和展望來做出適當的因應。」
>
> ── 《聯合新聞》，2022/01/27

讀這篇引用新聞時，是不是有個詞特別顯眼呢？是的，就是布拉德總裁在去年 6 月提到的「敏捷地」這個單詞，只不過前面又加上了「謙遜」這個單詞而已。

聯準會再調整戰略：「謙遜但敏捷」

他為什麼會用「更謙遜和敏捷地」來形容？這其實隱含著他對未來物價及經濟成長的展望，並沒有抱持著某種肯定的預測。2021 年物價開始上漲的初期，鮑爾主席帶領的美國聯準會非常肯定物價上漲只是一時的現象，並且有好長一段時間反覆主張物價攀升是暫時的，無須過度擔心。那時候因為非常肯定物價會自然下滑回歸穩定，所以並沒有打出升息等政策來應對，可以說是愚昧的決定。對，他們試圖預測遙遠的未來，並且深深相信這個預測是真的，最後這種散漫的態度造成的結果，就是養大了通膨這個大病。那未來又應該如何面對？難道要繼續主張通膨會自己消失，「上次雖然猜錯了，但這次很有信心」，然後繼續延緩升息嗎？還是應該說通膨會繼續擴大，所以提前宣告會升息十次？

如果在這個狀況下，聯準會還一直給人小看通膨的印象，那真的就是前面所說的安逸感的巔峰了。沒錯，通膨很有可能變得更強，但如果聯準會突然變臉，說通膨將來會大得無法控制，所以我們將要升息十次，這麼突如其來的態度轉變也會讓市場參與者們大吃一驚。

　　景氣紓困政策的效果雖然可以讓實體經濟達成一定程度的成長，但負債也會比過去增加許多，除此之外也如同金融危機以後大家經歷過的歷史一樣，現在通膨的程度雖然非常強，但我們不能忘記當通膨超過一定的程度以後也有可能突然就萎縮了。預測通膨本來就是一件很難的事，更何況聯準會在 2021 年已經用「一時的通膨」這個說法犯過一次大錯了，再犯另一次大錯是不可饒恕的，否則這次聯準會很容易被當成是喊狼來了的牧羊少年，所以應該等對通膨的發展更有信心時再採取行動會比較好。用對未來未知的謙遜態度，在每一個時刻都好好觀察狀況的變化，當通膨特徵變得明顯，抑或是通膨比預期的狀況還快趨緩時，就趕緊投入緊縮或是寬鬆政策來加以調適，這樣會是更有智慧的做法。

　　有人會看著天文現象預測一個月後會下雨；有人會在天氣變得濕熱時預測再過一兩天雨會來；還有人因為早上起來膝蓋痠痛所以說可能快下雨了；還有一種人是看著遠方的烏雲密布而宣告一小時之後會下雨；另一種人則是在一顆雨滴落在身上時大喊：「雷陣雨來了！」連忙找地方躲雨；最後當然也有那種已經下暴雨了才開始找地方躲的人。

　　當然如果能精準知道一個月後會下雨是再好也不過的事，但一個

月前就做預測，猜錯的機會也很高，明明說一定會下雨最後卻沒下，丟臉的機會還滿高的。但如果今天是要預測明天或是一小時後會不會下雨，猜錯的機會是不是就會變得比較小了呢？不管怎麼樣，如果能抱持著謙遜的態度，知道一個月前做天氣預報可能不精確，以及無論什麼時候預測會不會下雨都有可能會錯，那之後隨時觀察環境的變化，在錯誤的機率變小的時候、或是某種程度可以肯定自己的預測對了的時候再行動，就比較能做出更適合的應對吧。

聯準會也是這樣，他們表示不會再對未來的通膨走向做出那麼肯定的預測，鮑爾主席就說明未來會更謙遜地監控實體經濟的變化，持續觀察資料數據再做決定。如果一小時前才知道會下雨，那準備的時間就所剩不多了，這時候當然不能懶散以對，而更應該敏捷地因應，

聯準會的新戰略

所以「謙遜且敏捷地」就成為聯準會面對通膨一戰的戰略了，他們將會密切關注通膨的動向。

聯準會謙遜但敏捷的實際作為

如果意識到通膨狀況會加劇而必須趕快出手面對，這時候太過迅速的升息很可能會重擊經濟成長，對經濟這個人質帶來很大的衝擊，這時候應該要試著緩緩升息一次再來看看結果如何。如果通膨的氣勢並沒有減弱的跡象，實體經濟看起來也還能輕鬆挺得過再一波的升息壓力，那就再升息一次並預告下次的升息；再往下走也是，如果通膨還是沒有受到打擊的樣子，而經濟也依然能消化第二次的升息，這時就再默默種下會有第三次升息的印象，這時候如果實體經濟的成長態勢不太受到影響，就再進行第四次、第五次升息……一步一步敏捷地展開行動。

要持續到什麼時候為止？當然是持續到通膨總算低頭為止。所以在大家意識到通膨並非「一時現象」的 2021 年下半年，美國聯準會才會突然一改以往的態度，行動變得更加敏捷迅速，幾乎每隔 2 週～3 週就會強化一次緊縮力道。

讓我們來看看 2021 年 7 月的新聞標題：

> ── 開始討論縮減購債的聯準會……多數認為「要多點耐心」
>
> ── 《聯合新聞》，2021/07/08
>
> ── 鮑爾：「雖然通膨程度比預期高……但縮減購債、升息都還為時尚早」
>
> ── 《聯合新聞》，2021/07/15

如上面看到的，到 2021 年 7 月時，聯準會的態度都還完全沒有著重在迅速進行縮減購債（逐漸減少量化寬鬆的規模）或升息這兩件事上，但就在一個多月後的 8 月間，聯準會對縮減購債的態度卻突然有了一百八十度的轉變。

> ── 鮑爾，表示今年目標將著重在縮減購債……具體時間沒有透漏
>
> ── 《NewsPim》，2021/08/27
>
> ── 美國聯準會，本月中將開始縮減購債……預計到明年 6 月為止
>
> ── 《立場新聞》，2021/11/04

這兩篇新聞提到聯準會自 8 月底開始大幅側重於縮減購債的目標，預計將持續到 2022 年 6 月為止。8 月時還依然說升息為時尚早，但到了 11 月時聯準會對升息的態度卻出現了大幅的改變，正式開始露了口風，宣告 2022 年的年底還有很高的機率會再度升息，在那之後的變化更是非常快速。現在再來看看 2021 年 12 月以後的新聞：

> ─ 海外券商 IB，「美國經濟成長趨勢穩健⋯⋯明年升息最多三次」
>
> ─《Edaily》，2021/12/06
>
> ─「鷹派本色」鮑爾暗示：美今年升息次數可能超過四次
>
> ─《聯合新聞》，2022/01/27
>
> ─ 聯準會理事：3 月不排除升息 0.5%　　─《首爾經濟》，2022/02/22

　　從這幾篇新聞可以看到，在 2021 年 12 月時保證隔年最多只會有三次升息的聯準會，到了 2022 年的 1 月底卻改口說 2022 年有可能會有超過 5 次的升息，而且在最後一則新聞標題還提到，這次聯準會的升息可能不會走以往一次升息一碼（0.25%）的路線，正在研擬一次升息兩碼（0.5%）的可能性。在物價漲勢還沒輕易低頭前，美國經濟的成長態勢依然維持穩健的狀況下，聯準會始終保持著敏捷的態度，順勢提高了升息的速度。然而如果經濟突然出現顯著的衰退現象，或是出現了相反的現象──供應鏈問題迅速獲得解決，通膨問題快速消退⋯⋯無論哪一種現象都有可能一夕之間改變聯準會到目前為止所做的前景預測，所以聯準會便不再一邊預測遙遠的未來，一邊試圖一刀斬斷所有問題，反而謙虛且持續地觀察著狀況的變化，時時刻刻敏捷地應對，這種戰略就是聯準會在面對通膨挾持著經濟成長做人質時採取的因應策略。

　　還記得「一二三！木頭人！」這個遊戲嗎？當鬼的人（犯人）突然轉過頭來喊：「木頭人！」的時候，其他人要敏捷地停止動作。聯

準會的戰略不是完全忽略眼前的狀況，佯裝是個強盜般走向通膨和它大幹一架，而是把焦點放在預留一段時間避免經濟受到太多波及，再慢慢削弱通膨這個怪物的力量。

也就是說，此時的聯準會所展現的態度和 1970 年代那種坐視通膨不管的安逸態度不同，也和 1980 年代那種就算犧牲經濟也再所不惜的強人姿態相去甚遠，反而展現了截然不同的新面貌。更重要的是，如果我們說過去豢養通膨的是安逸縱容的態度，那現在聯準會就是打算運用戰略性的嚴謹與迅速姿態來持續努力制服通膨，如此一來是否就能解決讓通膨復活的主要原因──「安逸心態」？當然，通膨守門人聯準會將用「謙遜，並且敏捷」的概念來改頭換面，想必這次通膨

將會感受到一定程度的壓力。

停止大撒幣策略，分期、節制的紓困政策

前面多次提到通貨膨脹會如此壯大的理由，是基於美國中央銀行的量化寬鬆政策，以及美國政府的強勁景氣紓困方案。現在開始中央銀行對市場放錢的態度，會和以前不同，與其再往市場放錢，現在會將過去釋出的錢回收過來以製造市場緊縮，整體策略轉變成「謙遜，並且敏捷」的態度。以上的敘述已經幫中央銀行這端做了一個小結了。

至於美國政府的強勁景氣紓困政策又會變得如何？新冠疫情爆發之後不久，川普政府便在 2020 年 4 月撒出史上最大規模的 2.2 兆美元紓困金，並在同年 2020 年的 12 月額外提供 9,000 億美元資金，接著不到三個月後的 2021 年 3 月，甫上任的拜登政府又發表了 1.9 兆美元的紓困政策。2.2 兆美元、9,000 億美元資金、1.9 兆美元，這樣加起來有 5 兆美元了吧？光講 5 兆美元應該很難感受這個規模，其實韓國的 GDP 差不多就是 1.8 兆美元（注：中華民國 GDP 約 0.75 兆美元），和 5 兆美元相比可以說是相當寒酸，但如果再提到 1.8 兆美元的韓國 GDP 位居全世界前十名，是不是不太一樣了？再補充一下，日本的 GDP 世界排行第三，他們的 GDP 差不多落在 5.1 兆美元的水準，換句話說，美國光是在 2020 年 4 月到 2021 年 3 月這段不到一年的時間裡，就撒出了比日本全年 GDP 還高的金額，而且還不是到這裡就停了，

拜登政府正在準備 3 兆美元以上的基礎建設投資，外加家庭福利等額外的家庭導向紓困政策。

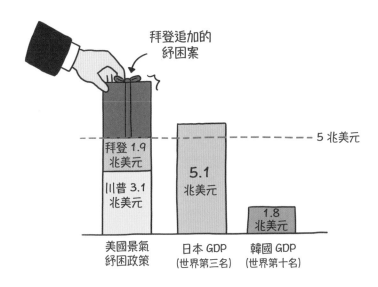

果然很符合美國「天朝國」的風格（注：天朝國是韓國網路社群對美國的戲稱，後也廣泛運用於新聞媒體。取這個名稱一開始是基於美國主宰世界的強國形象，後來又因為美國國防預算一度接近 1,000 兆韓圜，而「千兆」的韓文發音和「天朝」相同，因此又為這個戲稱添加了新的意義），但無論美國再怎麼至高無上，還是會被問到這個問題：「美國政府要去哪裡生出這麼多的錢？」如果一開始就沒有存放那麼多現金，那勢必要再多賺錢或是借錢來填補支出對不對？國家賺錢的方法中最為人熟知的就是收稅了，但是美國經濟受到新冠疫情的重創，已經實施了減免稅金和發放紓困金的政

策了，要再多課稅金回來是不是有點不合常理呢？既然很難透過加稅來提高政府的財政收入，那就必須去借錢來實施紓困政策了，於是這時候就出現了這篇新聞：

— 美國公債史上首度突破 30 兆美元……「新冠疫情餘波」

　　美國為了因應新型冠狀病毒 Covid-19 感染症（新冠病毒）疫情的影響擴大了各種財政政策，其後續效應使得美國公債突破史上最高的 30 兆美元。根據《華爾街日報》於當地時間 2 月 1 日的報導，美國財政部前一日的國家負債記錄高達 30.1 兆美元。

　　這個數字比美國即將受到新冠病毒重創之前的 2020 年 1 月相比高出了將近 7 兆美元。美國議會為了支援新冠疫情期間受到經濟衝擊的中小企業、實業家及承租戶等對象，日前簽署了高達數兆美元規模的紓困支出。

　　　　　　　　　　　　　　　　　　　　　　— 《聯合新聞》，2022/02/02

　　這則新聞提到美國為了振興景氣增加政府財政支出，使得公債比新冠疫情開始前多出了多達 7 兆美元的規模，儘管新冠疫情是一個緊急的時局，美國政府有其不得已也是事實，但債務的大量增加的確也會帶來非常大的財政壓力，更何況在那之上還有更大的負擔是擴大的財政支出也喚醒了通膨。

　　讓我們一起動動腦，現在我們要去振興景氣，所以先發給每一個

人 100 萬元，這麼一來就會大幅激勵人們的消費，只是問題是一旁還有通膨在虎視眈眈對吧？誇張一點來說，假設物價因此大漲，蝦味先漲到一包 100 萬元了，這樣會發生什麼事？沒錯！會發生物價上漲使得振興景氣的效果蕩然無存的問題，如此一來就等於是物價漲得比景氣紓困政策的力道還要猛，使得紓困的效果相形失色，徒留給國家大量負債而已。就是因為這個因素，時至今日都有許多聲音出來批評疫情紓困政策實施得太過頭，前面也曾提過，這個結果也成為政府祭出更多紓困政策的絆腳石。現在讓我們來看一篇新聞再往下討論：

> 作為美國總統拜登的新一輪景氣紓困案，拜登政府原先交出擴大社會安全網及因應氣候變遷處方的法案，規模高達 3.5 兆美元，然而在歷經內部協商分歧後，總預算預計將被大幅減半，最終總規模將為 1.75 兆美元。而原本整個計畫中所包含的各種細項也將大幅被刪減為原先的三分之一或是直接移除，整份計畫形同閹割版。被稱為「重建美國美好法」（Build Back Better Act）的拜登人力基礎建設計畫（human infrastructure）為了爭取民主黨黨內的投票決議歷經了馬拉松式的立法過程，該法案符合預算調整法，並根據預算決議案所規定的內容籌備了各項細部方案，然而在拜登政府自行訂定的期限 10 月底迫近時，拜登總統最後還是不得已出手縮減該法案的總規模，將金額降至 1.75 兆美元。
>
> 原因是要獲得法案的核准，民主黨在參議院中的 50 名議員皆不能

有任何人跑票，然而民主黨的曼欽（Joseph "Joe" Manchin III）和席尼瑪（Kyrsten Lea Sinema）等中庸派議員卻堅持法案規模須降為1.5兆美元，最終使得該法案規模只能被迫大幅刪減至2兆美元以下。

—《明日新聞》，2021/10/26

是的，拜登原本規劃的追加紓困案規模約為 3.5 兆美元，最後卻大刪減成 1.75 兆美元的閹割版，因為有部分人士主張繼續追加紓困案無助於緩解通膨現象，拜登總統本身隸屬於民主黨，但就連民主黨內部也有不少人反對他的 3.5 兆美元紓困案，所以法案才沒有那麼容易就通過，這個追加的紓困案早已在 2021 年 4 月就引發熱議，但一直到 2022 年的年初都還沒能通過。雖然不知道什麼時候這個「重建美好」的法案才會被核准，但至少我們要記得該紓困案已經比先前規劃的內容來得精簡許多，且因為遭受到可能會刺激物價上漲的批評，很難隨意推行。

再多補充一點：這份看似將被大幅腰斬的拜登牌追加紓困案，和過往實施的紓困案有著相當大的差異。首先是這份紓困案將焦點放在基礎建設及社會福利上，和先前直接發給每人 1,000 美元以上的現金、促進即時消費的紓困案不同，而是透過提高基礎建設投資，擴大該領域的工作機會，類似這類的政策將占整個計畫的部分。

如果說直接發放現金的政策可以立刻拉抬消費量，並且會直接刺激通膨的發生，那這次的紓困案預計進行的方向，反倒是優先擴大基

建端的工作機會，讓一般勞工有工作換取薪水，再透過那份工作所獲得的薪水間接提升消費，所以這個追加紓困案直接刺激通膨的效果就相對比較低。另外這個額外推動的紓困案也不像以往一樣一次撒出2.2兆美元、1.9兆美元的現金，之前是由於新冠疫情的事態緊急，所以才會在非常短的時間內一次支出那麼龐大的現金，但這次的紓困案反而可以說是一個將推行十多年以上的漫長架構，將預算分次供給。舉個例子來說，如果這個 3.5 兆美元水準的紓困案通過了，那也不會是一次就把 3.5 兆美元都花完，而是會在十年間分次使用，其實每年只會支出約 3,500 億美元。

我認為和一次湧入史上最高的金額相比，分成十年支給的方法相對不會給通膨帶來太多刺激，所以美國財政部長葉倫在面對輿論批評

紓困案將大力刺激通膨擴張時，也作出了以下的答覆：

> 葉倫財政部長表示：「拜登總統的方案每年約會支出 4,000 億美元」，並主張：「這個數字不足以激發過度通膨的發生。」之後她也繼續補充道：「因為援助計畫帶來的物價暴漲現象明年即會消退。」
>
> —《先驅報》，2021/06/07

讓通膨軟著陸成首要任務

　　我們說過，喚醒通膨的罪魁禍首，是中央銀行的無限制寬鬆和政府的猛烈財政政策對吧，美國聯準會如今在感受到通膨的壓力時已經一改過往的態度，轉向投入緊縮，而美國政府當然也感受得到，追加紓困政策可能會刺激通膨的壓力。一想到這兩個曾經促使通膨到漫天高的兩大要素都多少有點示弱了，即便我們不知道還要耗時多久，但假以時日通膨的氣勢也會減弱不少。

　　還記得前面幾章曾經強烈警告過度的紓困政策，將會養出大型通膨的薩默斯先生嗎？薩默斯在通膨開始壯大的初期就做出強烈警告，但即使如此，拜登政府和聯準會卻沒有放在心上，看著那個景況發生的薩默斯因此又說出以下建言，這真的是很重要的內容，讓我們一起慢慢讀這篇文章，我想大家讀完都會有點感觸的。

當美國 4 月的消費者物價指數大大超出華爾街的預期，前美國財政部長薩默斯又再次對美國白宮做出景氣過熱的警告，並公開了三個解決方案。根據美國當地時間 12 日的 CNN 報導，前財政部長薩默斯提到「無論幾個月前的狀況如何，現在很明顯可以知道美國在未來一兩年的期間內直接面臨的最大風險將會是景氣過熱（overheating）。」（中略）前財政部長薩默斯指出通膨風險如果再持續擴大下去，那用美國聯準會下所能採取的應對方案將很難軟著陸。

說完這些話，他也對拜登政府提出三項解決方案，首先是建議政府多多公開顯露對通膨的隱憂，用以軟化大眾對未來通膨的期待心理，因為對通膨的期待心理愈強，愈可能真的造成通膨危機的升高；另外他也呼籲政府在 9 月預計支出聯邦失業補助津貼時，對大眾預告這項補貼計畫不會再延長；最後則是建議減緩新冠肺炎救難基金的分配速度。

— 《聯合 Infomax》，2021/05/13

這篇讀起來感覺就像是無論薩默斯怎麼警告政府：「繼續這樣的作為，通膨將會變得非常嚴重，請務必要小心」，獲得的回應都始終非常安逸輕率，於是最後薩默斯只能大嘆口氣地說：「好⋯⋯既然你們要那麼坦然地想，那我也沒辦法了，那你們遵守這三件事就好⋯⋯這是底線了⋯⋯是最基本的了⋯⋯」至於薩默斯苦口婆心要政府遵守的三件事是什麼，現在就讓我來說明一下。

第一點是拜登政府和聯準會都需要持續對外界傳達他們正在警戒

通膨的這件事，不要一直宣傳「反正通膨不會來，沒必要擔心」的訊息，反而應該要告訴大眾：「雖然通膨還沒發生，但我們已經準備好了，只要物價一有動靜，我們隨時都能應付。」他認為具體且頻繁傳達對通膨的隱憂，便能夠壓抑人們對未來通膨發生的預期心理，同時他也要大家想想，如果聯準會和拜登政府這些最需要對控制通膨付諸心力的執政單位，反而對物價上升的現象置之不理，始終用安逸的態度告訴大家不用擔心通膨，那麼其他經濟體的管理者會怎麼想？如果世界上唯一能夠提防通膨這個大敵的哨兵，在任何人都知道敵人衝進來的時候還猶豫不決，就會讓市場更加焦慮，認為通膨無法被擋下來，於是大眾預期未來物價會大漲，就愈會提前採取未來的消費，反而讓需求在當下就爆發，製造出更大規模的通膨，這就是薩默斯想警告大家的事。

薩默斯的第二點建議是要政府透露出不會延長聯邦失業補助金發放的訊息，先前美國政府實施了援助政策，以失業補助的形式向受到新冠疫情影響失去工作的人提供失業補助金，這個問題在於政府持續發放的失業補助金，幾乎等同於一般勞工工作可領取的薪酬，這樣大家當然不會想回到原本的工作崗位，既然不工作也能拿差不多的薪水，那就沒有理由要冒著染上病毒的風險出門工作，於是大家都不太想回去工作，人力的供給大幅萎縮又逼迫薪酬上漲。薩默斯認為失業補助金如果持續延長發放，將會讓人永遠不想回去工作，迫使薪資成本增加，又會進一步強化通膨，因此應該中斷失業補助的發放，並呼籲政府在正式中斷失業補助前要多次拋出這個訊息提醒大眾，如此一

來大家在領取失業補助金時才會想到：「失業補助只發到 9 月為止，現在應該要開始慢慢找工作了。」

最後一點則是新冠疫情的援助基金，他認為就算在實施景氣紓困政策時也不要一次就撒光預算，反而應該分散支出。與其一次花光 3.5 美元的預算，不如分成十年，每年支出 3,500 億美元，這樣比較不會刺激通膨。

以上就是最早且最強烈警告通膨危機的薩默斯所提到的三項基本守則。實際上雖然時機點有點晚，但在 2021 年下半年聯準會意識到通膨並非一時現象時，就立刻轉變成謙遜且敏捷的態度，決定隨時出手壓抑通膨，此後美國政府也大幅降低紓困案的規模，並且一改發放現金鼓勵大眾消費的態度，轉向支援創造工作機會，而紓困金的運用也變更為在十年的長時間中分期支出⋯⋯從上述這幾點來看，是不是

也能看作薩默斯的建議實際上已經在運作了？如果能好好按照這些建議執行，就算已經無法改變已經既成事實的通膨程度，但是不是就不會讓通膨長期停滯，比較不會再演變成和 1970 年代一樣嚴重的「大通膨時代」？

供應鏈危機怎麼解？

從現在看起來，先前製造出大規模通膨的過度紓困政策和聯準會的安逸態度都有所改變了，但還是有一些不安的因素存在──就是供給端的問題。前面提到幾件通膨壯大的因素大致包含薪資和原物料價格的快速上升、供應鏈的限制、企業生產跟不上爆發性的需求所引發的供應不足等。

其中要從供給端的問題層面來預測將來的供應鏈問題是否會有所轉圜是件非常困難的事，因為這其中牽涉包含非常多的因素，例如病毒、資產價格、產油國等原物料生產國之間的利害關係、美國及「中國與俄羅斯」的霸權之爭，以及全球針對氣候危機所訂定的化石燃料規範等因應措施……有太多因素無法預測且彼此相互影響。在這個小節中便要談談將來有大概率會影響未來時局的議題，其中包含薪資的上漲、產油國之間的利益關係、以及中美爭端等內容。

1. 勞動力不足引發的勞工薪酬上升

薪酬的上升主要是因為資產價格暴漲，以及病毒變異株帶來新的

一波疫情，延遲了勞工回歸職場的時間點。首先讓我們來看看資產價格暴漲所帶來的雇用成本增加，如果資產價格就如同美國的 S&P500 指數或那斯達克指數一樣穩定上揚，人們自然會對投資股票、虛擬貨幣產生期待，既然身邊已經有個不用透過工作也可以自動產生收入的源泉了，那與其去找工作賺錢，還不如投資賺取更高的報酬。這時候如果再加上人們還基於過去的經驗，抱持著股票市場一般而言都會持續走高的期待，或是認為就算股票下跌聯準會也會出手降息，透過對市場放錢來挽回股票市場的跌勢……這種心態會讓問題變得愈來愈嚴重，進而演變成勞動力不足的結果，更加刺激勞工薪酬的上漲。

然而如果在資產市場動搖時，聯準會卻沒有透過降息放錢來阻止資產價格的下滑，那會造成什麼結果？投資者原本認為「股票市場是能夠穩定賺錢的獲利源泉」，這時候這些不切實際的期待就直接面對現實的考驗。是的，前面提到聯準會已經宣告自己將會改變態度，改

用更謙遜且敏捷的態度來執行緊縮政策，再和以前一樣時時盯著股市的下跌出手協助放錢的可能性已經降得非常低，如此一來投資者就必須時時懷抱著股票隨時會下跌的壓力才行，與其直接斷定說股票會下跌，不如說從投資者的角度來看，「穩定投資」這個誘因裡的「穩定」已經消失了，因為一向作為有力靠山、總是幫忙阻止股票下滑的聯準會已經不再隨意大撒幣了。

無獨有偶，聯準會的緊縮政策在過去都會促使市場利率上升，這讓不惜大舉借貸投資股票的投資人承受更大的利息還款壓力，當聯準會中止了所謂下方支援的資金援助方式，那些打算新辦貸款投資股市的投資人就將受到重擊。所謂的「投資」就是希望在購買了某件物品後，可以用比購買的價格更高的價格售出，要有人在後面接盤買入，我才能賺取利益，但如果將來愈來愈少人借錢投資，那金融市場的過度熱潮就有可能大大退燒。

我認為聯準會放出大量金錢所創造出來的資產市場投資熱潮及其副作用，將有望在聯準會自己轉換態度、投入緊縮之後獲得大幅度的改善，勞工將因此逐步返回工作崗位，同時也就能達到抑制薪酬上漲的效果。對！我期待這麼一來一直持續擴張的通膨也會被拖亂陣腳。

勞工薪酬上升的第二大要素是病毒，但說實在話要去預測目前新冠疫情的走向也並不容易。2021 年上半年疫苗開始快速普及時，大家滿腹期待了一陣子卻又碰上了 Delta 變異株的疫情侵襲；正當各界充滿自信打算導入「與病毒共存」（With Covid-19）等政策時，Omicron 又出現了，短時間內就增加了數萬名新冠確診者，從狀況來看要預先

判斷病毒變異的走向實際上是不可能的，只是觀察現況是否有所改善應該還是頗具意義的事。

新興發展中國家疫苗普及率較低，但新興國家內部發展出的變種病毒株最後還是可能為疫苗普及率高的先進國家帶來影響，就像去年下半年 G20 的衛福部會首長會議上所討論的內容一樣，目前各界也正努力推動擴大新興國家疫苗普及率的方案，這個任務的主要目的雖然是為了新興國家的衛生福利著想，但提前阻斷變種病毒轉移機會的意義當然也不小。雖然我們並不能預期新興國家的疫苗普及率能夠帶來多少的正面影響，但倘若此舉真的可以有效阻斷新的新冠變異株繼 Delta、Omicron 之後再度出現，那就能改善因為疫情危機而使得勞工延遲回到工作崗位的現象，避免薪酬過度上漲，並能舒緩通膨擴大的壓力。

2. 國際油價飆漲──雙面刃

接下來則要提到原物料價格上升所引發的通膨。原物料價格暴漲對當前時局非常不利的原因在於，它極可能會成為經濟成長衰退的要因，同時也會拉抬物價，等於是雙重利空因素。大部分會造成景氣衰退的不利因素都是先帶來景氣不佳的需求惡化現象，進而對物價施加下跌的壓力。然而原物料價格的問題卻非常獨特，不僅同時弱化經濟成長，還會因為供給不足、薪資上升等因素迫使物價上漲。只是通常要阻止經濟衰退就必須實施景氣紓困政策；而為了阻止物價大漲就需要採取緊縮政策，實在非常矛盾、難以同時處理。

反過來想，當原物料價格暴漲這個不利因素被解決了，應該就能

期待會出現一箭雙鵰的結果，既幫助經濟成長，又能同時拉低物價水準。前面曾經提到美國聯準會所煩惱的問題就是通膨的人質戲碼，通膨把經濟成長抓在手裡當人質，使得聯準會不得不陷入左右為難的局面，因為打壓通膨也會打擊經濟成長，但如果顧慮經濟成長的狀況而消極應對，那通膨就可能更加壯大。這時候如果原物料價格可以恢復穩定，就能夠一邊強化經濟成長，又能為通膨帶來致命的打擊，是不是就一路乘勝長驅了呢？在抱持著這種樂觀的期待下，我將來談談原物料中代表級的原油價格。

產油國中最具代表性的集團，便是石油輸出國組織與夥伴國（OPEC+）了。以沙烏地阿拉伯為中心所涵蓋的石油輸出國組織（OPEC）和俄羅斯一起成立的諸多非 OPEC 石油輸出國，為了克服2016 年國際油價的暴跌而決定組成新的產油國共同體。

國際油價的大跌對這些石油輸出國的經濟來說，真的是致命性的利空因素，因此在國際油價下跌的時候，產油國就經常聯手減少石油供應，藉此防禦國際油價下跌的狀況發生。他們之所以不得不一起行動是有原因的，假設 A 產油國決定降低石油供給量來避免油價下跌，其他國家卻依然維持著原本的供給量，那麼一時降低石油供給量的 A 產油國雖然對阻止國際油價下滑有所助益，A 國同時會因為石油輸出量的縮減而減少收益，這時候維持原本供應量的其他石油輸出國，反倒會在 A 產油國斷然減產的壯烈犧牲下得以毫髮無傷。在國際油價下跌的共同危機中，利用其中一個國家的犧牲來換取其他國家的利益當然是件很難容忍的案例，所以石油輸出國之間才需要建立合作，在減

產的時候不是只有特定國家犧牲，而是一同減少石油輸出，在需要增產時也是如此，這就被稱為減產互助，或是增產互助。

　　2020 年 3 月新冠疫情發爆發當時，原油期貨價格甚至一度跌入負值，這個狀況促使 OPEC+ 國家決議共同減產，這個決議至今仍在延續中。問題就在於全球主要國家所實施的猛烈景氣紓困政策，為全球經濟帶來了相當強勁的成長，但這個減產的決議卻還是持續有效。全球經濟復甦速度變快即代表全球工廠的啟動率正在恢復正常，對石油的需求也已經有所增加，這時候石油的需求明明增加了，石油的生產卻比以往還要低，反而演變成需求擴大而供給減少，也就等於再度刺激了國際石油價格的上升。國際油價在 2020 年 3 月之後不僅上升的速度非常快，上漲後的油價也比新冠疫情發生以前還要高。

　　因為通膨問題而傷透腦筋的拜登政府也正在要求 OPEC+ 增產原

油，因為原油如果能夠增產，國際油價就可能下滑，而國際油價的下滑多多少少也會弱化通膨的壓力。然而目前 OPEC+ 的態度還是非常謹慎，因為眼前還是有一些隱憂——經濟雖然在新冠疫情之後復甦了不少，但仍然有許多不明確的因素存在，如果輕率地做出增產的決定，那好不容易才拉抬回來的國際油價又可能陷入震盪。此外美國國內的通膨壓力還很大，所以物價還會繼續往上漲的心態不減反增，當這種預期物價會再漲的心理被強化，大眾就會出現提前購買商品的傾向，如此一來就算國際油價偏高，人們還是會想在油價變得更高之前購買。你想的沒錯，當市場上的通膨壓力很大時，石油輸出國就會變得很有影響力，就算繼續調漲油價，石油進口國也是束手無策，只能聽從。像現在這種物價上漲壓力很大的狀況，就算產油國制定了更高的油價也無妨，還是能夠出口石油賺錢，那何必犧牲自己的利潤增加原油生產？要做這個決定反而不容易。

即使如此，我還是認為石油輸出國們應該都還記得 2008 年及 2011 年發生的大事。當時全球呈現景氣衰退的局面，但產油國依然決定不增產，使得國際油價維持在很高的水位，是一個經濟成長力道疲弱，國際油價卻還漫天飛的糟糕局勢。但是在國際對石油的需求萎縮的狀態下價格如果一直高不可攀，那國際油價就隨時有可能會崩盤。

2008 年 9 月雷曼兄弟破產以後金融危機正式揭開序幕，這時曾在 2008 年 5 月創下每桶 145 美元高點的國際油價就瞬間崩盤，一度跌至每桶 33 美元。而在 2011 年至 2012 年間歐洲爆發財政危機，使得全球經濟體質更加衰弱的當時，國際油價有好長一段時間慢慢走下坡，

2011 年當時每桶超過 120 美元的國際油價到了 2016 年初已跌落每桶 26 美元,那時幾個石油輸出國就為了阻止國際油價未來發生類似暴跌的現象,在 2016 年結盟成為 OPEC+,留下了深刻的教訓。現在就讓我們來看看當時的油價走勢(圖 19):

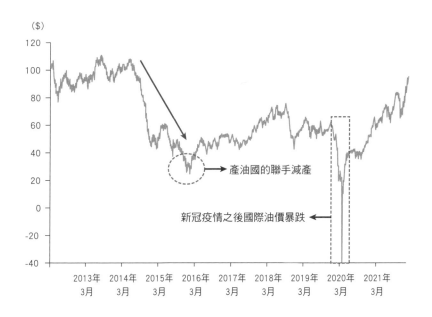

($)

產油國的聯手減產

新冠疫情之後國際油價暴跌

圖 19 · 國際油價走勢圖(2021 年以降)

金融危機以後在各國政府實施的猛烈景氣紓困政策挹注下,國際油價曾一度維持在高空飛行,之後在包含美國的頁岩油以及其他 OPEC 石油輸出國的石油增產影響下,國際油價大幅崩盤,一直到 2016 年 2 月 OPEC 國家以及俄國等非 OPEC 的石油輸出國決定共同協議減產後,國際油價才又找回原本的穩定趨勢。然而 2020 年 3 月新冠疫情的影響造成石油需求下滑,再加上 OPEC+ 內部的矛盾提高,國際油價又再次面臨暴跌局面。

高油價並不是只有好處，這是油價高漲為石油輸出國留下的教訓，另外國際油價過高除了弱化全球需求，並為將來的原油價格種下不良因子之外，也讓原油進口國開始投入替代能源的開發。過去沙烏地阿拉伯有位相當知名的石油大臣亞瑪尼（Ahmed Zaki Yamani）曾說過：「石器時代並不是因為缺乏石頭才結束。」

石器時代因為青銅時代來臨而走到盡頭，未來石油就算沒有枯竭，但如果能夠取代石油的能源成功被開發出來，石油霸權就有可能被大幅削弱，而逼迫這些替代能源加快開發腳步的推手，正是超乎常理的高油價，所以像最近這樣高度刺激通膨危機升高的國際油價如果持續保持著同樣高的水準，那 OPEC+ 中的石油輸出國便會感受到相同的壓力。

儘管原本產油國和原油進口國之間、產油國與產油國之間都分別存在不小的衝突，但最終還是達成了石油增產的協議，讓國際油價穩定在一定的程度，我認為這個達成協議的過程從國際合作的角度來看，是足以妥善處置通膨問題的共生方案，這也讓事情能往正面的方向發展，最後促成穩定能源價格的結果。原本一路維持在高空中的國際油價可以說是一把雙面刃，對石油輸出國來說可能當下是「福」，但如果不幸觸發了全球需求的消退時，就可能成為「毒」了，正因為高油價對產油國來說並不是絕對之福，所以儘管預測時機並不容易，但我們還是可以期待產油國家，會為了國際油價的穩定而促進國際合作。

除了上述提到的石油以外，美國和伊朗的衝突，也讓石油與天然

氣生產量占全球極高比重的伊朗原油和天然氣供給受限。2015 年歐巴馬總統在任時期，美國和伊朗之間的衝突曾經一度趨緩，在那之後國際油價也跟著一度出現很大的降幅，這次受到通膨重擊而苦不堪言的國家中也有美國一份，從過去的經驗推測下來，多少也可以期待美國和產油國伊朗之間有望正面促成合作協議。

3. 美中緊張關係緩解

雖然短期內不能抱持著太大的期待，但現在將來談談未來美中關係改善之後可以預期的發展是什麼──那當然是美中之間的緊張狀態獲得緩解。川普政府執政下於 2018 年開始，對中國進口商品課徵關稅的措施至今仍延續著，不過在徵收中國商品關稅的 2018 年間，通膨壓力和現在相比其實並不算高，但當目前通膨的指數已經達到 40 年來最高的程度時，持續對中國進口商品課徵關稅的舉措，自然成為刺激物價上漲的要素之一。

從短期來看要撤除或降低對中方的關稅並不容易，在 2019 年下半年為了解決美中貿易衝突問題而促進的美中貿易協議中，中國雖然同意採購超過 2,000 億美元價值的美國製產品，但最終卻沒有確實履行。除此之外還有台灣安保相關的議題、貿易協定相關爭議等等，美中之間已經長期針對大大小小的事不斷發生衝突，拜登政府對中國不公正的潛規則也抱持著不小的不滿，因此美國以強硬姿態面對中國的策略，應該還會維持一段時間。從 2021 年年初葉倫就任財政部長的發言來看，很難讓人期待美中關係即將獲得緩解，然而就在 2021 年

下半年通膨壓力全面升高的局勢下，氣氛似乎開始有所不同了。美國的態度在 2021 年初和年底 11 月時出現了什麼改變？讓我們透過新聞標題來了解：

— 葉倫財政部長：「短期內對中貿易關稅將暫時維持下去……會進行徹底研討」　　　　　　　　　　　— 《News1》，2021/02/19

— 美國財政部長葉倫：「為了穩定美國通膨問題，正在研擬調降中國商品關稅」　　　　　　　　　— 《Choice News》，2022/11/02

　　為了削弱通膨壓力，以及減少長期與中國之間的貿易負擔，美國財政部也接下了美國企業團體要求調整對中關稅的請託書。然而基於美國和中國之間的全球霸權之爭，以及對中國的強硬派立場浮上檯面，拜登政府也須顧慮在發表撤銷對中關稅的政策時，會高度激發美國民眾的反感，所以整體氣氛仍然是偏向考慮而已，還無法輕易做出決定。是的，從目前的美中關係來看，近期內要看到對中關稅的調降應該不容易，然而如果通膨現象持續擴大民眾對拜登政府的不滿時又會如何發展？現在要做的假設雖然有點誇張，但還是讓我們假想看看——美中交惡下擴大的通膨危機，對拜登政府的不良影響比較大？還是撤銷美中關稅時突顯的對中外交失敗結果，對拜登政府的負面效應較大？當然預測這個問題的結果並不容易，但如果通膨問題不能輕易被解決，那我想美國國內批判美中關稅議題的聲音將會更猛烈。

　　實際上外面也謠傳著美國白宮為了解決通膨問題，正在籌備限制大企業壟斷的相關法案，另一方面美國財政部將對中國產品的關稅動手的消息也正站在上風。用韓國的例子來說，就是在針對物價上漲的問題時，青瓦台和企劃財政部分別實施不同因應措施，一方採取對大企業的管制，另一方則是調降關稅，請看看以下相關新聞報導：

　　美國拜登政府內部連日因為飆漲的物價問題產生意見分歧，根據《華盛頓郵報》當地時間 1 月 10 日的報導，拜登總統帶領的白宮幕僚分析物價大漲的原因是大企業的壟斷等企業獨霸市場的現象，而美國財政部卻點出問題出在對中國課徵的關稅。

白宮認為疫情期間大企業的市場壟斷行為是主要問題，應該動員聯邦機構進行反壟斷調查。輿論上也因此出現批判的聲音，認為近期的汽油、肉類等消費者體感物價指數較高的品項之所以會上漲的原因皆出自於大企業的野心。而美國肉類市場中，前四大企業的市占率合計高達 85%，是高度寡占的型態。（中略）

另一方面，財政部高階官員們雖然也認同大企業寡占的市場型態的確為通膨帶來一定的影響，但認為白宮對此反應過度。財政部內部在最近幾個月針對通膨的因應方案持續做出應該調降關稅的主張。美國和中國之間的關稅戰爭使得從中國進口的產品有三分之二須課徵關稅，然而另一方面中國雖承諾會採購美國製產品，但始終未能履行，在這個局面下如果斷然調降對中關稅，看上去就等於是拜登總統單方面向中方妥協。財政部長葉倫也曾提過撤銷關稅一事對目前的經濟狀況而言應不會有「Game Change」（改變局勢的關鍵事物）的效果。

—《Money Today》，2022/01/11

沒錯，閱讀整篇新聞時會發現，美國內部也感覺到對中關稅的確是個問題，一開始並沒有被納入考慮對象的「調降對中關稅」措施，之所以浮上檯面的原因，終究是基於通膨的發展。雖然在短期內不會做出決定，但如果物價的漲勢變得更加嚴重，那減輕對中關稅的這項解方是不是就顯得更有說服力？對中關稅調降這件事本身雖然沒辦法解決所有美國的通膨問題，但這可能會是一個突顯拜登政府意志的重

要訊號，告訴我們拜登政府在為了壓抑通膨的目標下，也很有可能考慮和中國攜手合作，這件事雖然還只是個人期待的程度，但隨著發生的機率愈來愈高，我們的確有必要把美中關稅戰爭放進考量的對象。

通膨下如何求生？

前面提到猛烈的景氣紓困政策以及安逸態度造就了通膨的擴張以及需求的爆發，為了填補暴增的需求，供給必須緊跟其後，然而 Delta 和 Omicron 等變異株帶來的幾波疫情，讓勞工紛紛延遲回到工作崗位的時間點；世界各國考量生產競爭力建立的全球供應鏈體制雖然非常有效率，但若其中特定國家因為醫療保健因素而造成生產延誤，全世界的生產線都會受影響；與此同時，長時間延續的資產價格上漲，同時削弱了人們工作的意願，供應商在需求爆發之下要擴大生產就需要雇用更多的人力，卻沒想到雇用人力也變得非常困難，只好追加額外的薪酬來擴大生產，只是薪酬一旦上升就回不來了，薪酬的高度攀升又讓通膨現象變得更加穩固。

通膨如果一直延續下去，人們心中就會產生通膨將會長期停留的預期心理，於是會在物價漲得更高以前提前消費，明明當下就是因為供給跟不上需求而導致物價上漲，如果還把未來的需求一起拉到現在來消費，那物價的漲勢就會變得更嚴重了，勢必引發更猛烈且更長期的通膨效應，這種效應又進一步影響原物料市場。當通膨孕育出人們對原物料價格上漲的預期心理時，急著想趁早購買囤貨的行動就更加

猛烈，這個結果從石油輸出國的立場來看，就等於可以毫無顧忌地用更高的價格來出口原油，先前新聞會出現國際油價超過每桶 90 美元，創下七年來記錄的理由就在這裡。最後再加上產油國家聯合組成的 OPEC+ 策略影響，原物料價格所帶來的通膨效應又再往上加成了。

整理到現在發現控制通膨確實不是容易的事，也有人說現在的通膨，足以讓人聯想起 1970 年「大通膨時代」的狀況，我認為我們學歷史最重要的理由不是為了應付考試，而是要參考過去的失敗，並且避免重蹈覆轍。把穩定物價當成最優先目標的美國聯準會當然把 1970 年代當成一個刻骨銘心的教訓，所謂解鈴人還須繫鈴人，如果說聯準會安逸散漫的態度是招來通膨復活的罪魁禍首，那現在的通膨跡象比以往來得更猛烈，當然更應該要在現象演變成 1970 年那樣的程度之前，趕快阻擋下來才是。

雖然這些任務並不容易，但聯準會還是將用謙遜且敏捷的態度趕緊投入了緊縮政策。如果說 1970 年代最大的敗筆是聯準會的安逸態度，那這次聯準會看來已經踩著當年的失敗教訓，警戒心更強了。除此之外，從美國政府的層面來看，財政支援政策相較於新冠疫情爆發不久時的程度也減弱不少，先前突然大增的需求也穩定了不少，我想就算從需求角度來看，先前推動通膨的因素也某種程度獲得了抑制。

預測病毒影響的餘波和未來還會有什麼變種病毒登場，是我能力以外的事，所以供給層面對物價所帶來的壓力依然存在許多變數，只是聯準會也已轉向敏捷的縮緊態度，資產市場的過熱現象某種程度受到牽制，後續如果能使人們脫離工作崗位的現象減緩，從中長期角度

來看，薪酬急遽上升的現象也會開始消退。

此外我們也一起探討了從過去的經驗來看，高油價對產油國等原物料生產國家而言，雖然短期內很有利，但就中長期來說反而會是毒藥，我想因為產油國有著這些過去的教訓，所以在通膨走向最糟的局面之前，應該能找到共生的方法，也就是共同增產等解方。如果補充勞動力困難、原物料價格暴漲對生產成本造成負擔，那就算眼前需求爆發了也實在很難追加供給對不對？我想如果能按照前面提到的方向順利發展，薪資的漲勢獲得控制、原物料價格強勢的局面稍微緩解，那企業的壓力就能多多少少被解除，當然能夠期待企業增加設備的投資，開啟正向的循環。

人們的心理有一定的慣性，會認為到目前為止持續發生的事情，未來也會一樣延續下去。物價如果長時間一直維持猛烈的漲勢，人們就會認為這樣的脈動長期不會改變，變成一種慣性。這種心理會引發更長時間且猛烈的物價漲勢，最終就有可能使大眾不得不面臨 1970 年代那種極端的通膨恐懼。所以我覺得短時間內，物價應該還是會維持在偏高的水準，只是不久之後的中短期內物價漲勢應該就會恢復穩定，走向和 1970 年不同的路。

和當時姿態不同的聯準會，以及美國政府為了解決過度景氣振興政策的問題而改變紓困案的規模和方式，這兩者是挫了通膨銳氣的核心因素。現在雖然還是存在許多變數，但我也期待供應層面的問題也能獲得積極妥善的解決，通膨導致國際經濟全面衰退的同歸於盡狀況，需要全球各國共同協力才能挽救回來，而其中最具代表性的就是

OPEC+ 石油輸出國之間的合作，以及目前雖然看起來可能性很低，但美中關稅調降如果能成功實現，那想必也能成為有力的救援軍，能夠對抗強勢復活的通膨。

展望未來實在很難，因為變數本來就很多，而且事件影響各有時間差，如果現在的狀況會一直延續下去那我們或許能夠預測未來，但現在的狀況卻時不時會受到各種變數的影響而改變，因此推估未來狀況的人往往會將自己的主觀想法反映在自己的預測中。

我自己的心態比較不會偏向悲觀論，認為人們會重複過去沉痛歷史的錯誤，一起走向更加艱難的路；反而樂觀地認為人們會學到過去的教訓，努力不重蹈覆轍，將來也會走上更好的趨勢，因此也希望各位在觀看我對通膨的展望時，能夠理解我的預測偏向樂觀。儘管現在還完全看不到通膨消退的徵兆，但希望各位可以靜候一段時間後，再來看看我所提到的部分會因為時間的推移出現什麼樣的變化。通膨相關的說明就先寫到這裡，接下來我們要談談應該如何因應，以及認識這些因應通膨的方法。

挺過大通膨時代

第 **9** 章

雞蛋不要放在
一個籃子裡

｜如何從歷史上的通膨危機活下來還賺更多？｜

經歷過一切，最後悔的是
「不問不查」 就把資金全押下去

(什麼都不問，什麼都不查)

我們已經在 PART2 說明通貨膨脹是什麼、它帶給我們什麼威脅、沉睡已久的通膨為何甦醒，還說明了看守著通貨膨脹的美國聯準會採取了什麼行動了。一貫態度消極的美國聯準會已展開積極的行動，我認為這也會對通貨膨脹的前景影響甚大，雖然無法預測影響力發酵的時機，但我推論看似會持續加劇的通貨膨脹應該會減緩。

　目前較能肯定的是，1970 年代那種強而漫長的通貨膨脹，再現的機率不如想像中那麼高，但問題就在於此。雖然中長期來看，通貨膨脹的問題能夠解決，但我們並不知道要花多久時間，而對我們的生活與投資來說，這段期間內的通貨膨脹就成了極為沉重的負擔。不過重要的是，我們並沒有被困在毫無解決跡象或看不到未來的黑暗之中，而是握著問題終究能夠解決的希望。我認為最要緊的是，我們應該思考該怎麼應對眼前的通膨浪潮。

　如果能撐到通膨問題被解決的那一刻，等著我們的應該就是光明的未來？因此本章將記錄一些關於「挺過大通膨時代」的故事，其中大家首先要注意的就是「集中投資」的危險性。

事例一：1970 年代的石油危機與金價暴漲

第二次世界大戰結束後到 1960 年代中期，全球迎來史無前例的經濟榮景，物價長期呈穩定趨勢，戰後有重建需求，且戰爭期間無法實現的消費在戰後大爆發，讓以美國為主的全球經濟呈現強勁的成長趨勢。物價穩定，但成長之勢強勁，這正是高成長、低物價的情況。因為成長力道強勁，企業的銷售大幅增加，但此時物價穩定，所以費用並不會增加，如此一來企業的淨利就會增加，股價會大幅上漲，因此 1960 年代的股票市場景氣很好。

1960 年代中期過後，物價上漲趨勢開始顯現，引領全球的核心大企業長期呈現超強勢頭，這個時期被稱為「漂亮 50 時代」（Nifty50），就如同現今的科技巨擘一般。而且到 1960 年代中後期為止，物價都呈現穩定狀態，所以美國整體的利率也維持在偏低的水位。維持在低水位上的利率與一直超強勢的股票結合，那麼在低利率時期，具吸引力的股票與債券投資應該就會大受歡迎。不過，當物價上漲的趨勢超過了某個程度，人們產生了「物價漲幅太誇張，無法抑制」的認知後，強勢的股市就會宣告中結。

那麼債券呢？自評穩定的債券投資也會面臨很大的困難。假設你是在 1970 年代中後期準備退休的美國人，經過 1950 到 1960 年代，因為有投資股票和債券的報酬，你的年金帳戶中的金額應該已大幅增加，尤其是因為你快退休了，大家都說債券是安全資產，最後你便大幅提高債券投資比重。我們先來看看美國十年期的公債殖利率圖表（圖 20）。

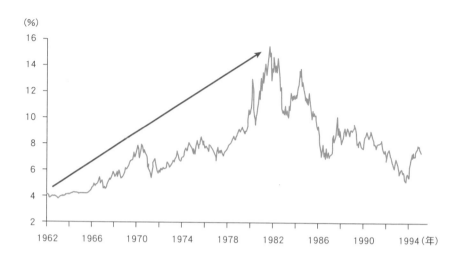

(%)

圖 20 · 美國十年期公債殖利率（1962 年～ 1955 年）

利率上漲債券價格就會下跌，債券投資者便會蒙受損失。認為債券投資很安全的投資者
如果將大部分的年金投資到債券上，且恰好在 1970 年代初期退休的話會怎麼樣呢？就會
像我們圖中所看到的一樣，之後公債的利率大幅上升。投資者在自己曾經信任的債券上
蒙受損失，失落感肯定很強烈。我們必須有所認知，覺得「債券一定安全」的既定概念
是很危險的。

我們已經看到利率在 1970 年代急劇上升的情況了，那麼握有許多
長期債券準備退休的人心情會如何呢？利率上漲的話，債券會有大幅
波動的傾向，尤其是長期債券。在傳統資產如此崩潰的情況下，哪一
種資產會受人歡迎呢？沒錯，抗通膨的資產會大受歡迎，1970 年代迅
速成為投資替代方案的原油等原物料投資將大受歡迎。而且對抗通膨
資產的熱度不會輕易降溫，因為通膨太劇烈了，而且因為通貨膨脹是

花了十年以上的時間都沒能抑制下來的現象，所以大家才會產生「通貨膨脹永勝不敗、投資原物料永勝不敗」的認知。雖然原物料投資如此受人喜愛，但在 1980 年代初期美國聯準會實施強力緊縮政策後，國際油價就一瞬間塌了下來，每桶超過 40 美元的國際油價在 1986 年初跌至每桶 10 美元，撇除 1990 年代初期第一次波斯灣戰爭的情形外，國際油價恢復到 1970 年代末的高點需要二十年以上的時間。如果投資者在 1970 年代集中投資原油的話，就會有很長一段時間都難以在投資上有所收穫。

黃金的情形也是一樣。1970 年代初期，尼克森總統廢除了金本位制度，黃金價格開始暴漲。讓我們先稍微說明一下歷史背景，越戰以後，美國經濟陷入蕭條，比起美元，海外投資者更喜歡黃金，他們將持有的美元帶來美國，明顯展現出想用美元搶走黃金的姿態。在金本位制度中，保有多少黃金就能印製多少美元，但如果黃金持續從美國外流出去，美國的黃金持有量就會減少，而美元的供應也不得不因此減少。經濟成長正在放緩時，想透過量化寬鬆來刺激經濟也會變得更加困難。因此尼克森總統廢除了金本位制度，不論美國保有多少黃金，就直接開始印製美元。如此一來，就算黃金依舊只有一盎司，美元有可能增加到 200 美元，原本一盎司的黃金能發行 35 美元，如果現在變成發行 200 美元的話，一盎司的黃金價格就會變成 200 美元了。如果繼續印製更多美元的話，黃金的價格就會漲到 400 美元、600 美元，而黃金價格暴漲，當然就會掀起黃金投資熱潮。

雖然黃金一直保持強勢，但黃金價格也在 1980 年代初期受到美國

聯準會強烈緊縮政策的影響而崩潰，要回到從前的價格則要花二十年以上的時間。因此，集中投資黃金的投資者也同樣會陷入長期的苦戰之中。

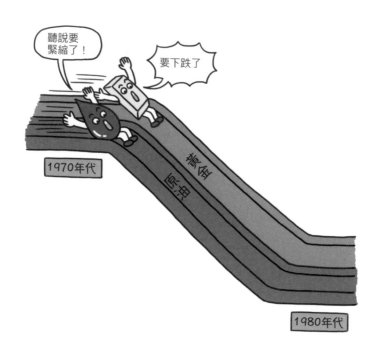

事例二：金融海嘯後的石油與黃金

這種原油與黃金投資熱潮分別在 2008 年與 2011 年再現。原油價格暴漲，2008 年上半年上升到每桶 145 美元，隨著金融危機徵兆顯現，當時表現強勢的金融股皆呈現低迷狀態，而且表現超強勢的中國股市，因民眾對物價上漲的擔憂而搖搖欲墜。雖然量化寬鬆釋出的金

額很多，但當時資金湧進的金融股和中國股市都在動搖，所以投資人會想尋找其他方案。當時也有很多人主張隨著能源價格上漲，通貨膨脹風險會增加，因此投資原物料的基金、俄羅斯或巴西等資源豐富國家的基金、農產品相關的基金等，人氣直衝天際。讓我們先透過閱讀新聞報導間接感受看看當時原物料基金的人氣，然後再來談談黃金相關的話題。

— **全世界的「大筆資金」湧入原物料基金與俄羅斯股票**

— 《Edaily》，2008 年 3 月 10 日

— **擔心通貨膨脹加劇，原物料基金吸睛**

— 《Etoday》，2008 年 6 月 15 日

黃金的價格在 2011 年超過每盎司 1,900 美元，即將到達 2 千美元的價格。「金融危機後的經濟復甦遙遙無期，美國就只能永遠實行量化寬鬆政策，雖然持續釋出美元，然而黃金的供給是有限的，相對來說黃金的價格就會持續上漲」，這個邏輯得到了肯定。美國聯準會在 2008 年金融危機時果斷實行了第一次量化寬鬆政策，開始釋出資金，之後在經濟看似恢復的 2010 年 4 月中斷透過釋出美元來刺激經濟的政策。在此不到一個多月後，歐洲弱勢國家之一的希臘經濟狀況開始不穩，而全球的經濟成長也開始同步放緩。接著，2010 年 11 月，美國公布了第二次量化寬鬆政策，開始追加釋出資金。美國的經濟成長

之勢再次停滯，為了擺脫這種局面，美國增加了美元的供給，為黃金的價格打造出最好的環境。這個情況並不像先前所說的那樣，不是因為黃金更加吸睛而價格上漲，而是因為美國聯準會為了實行第二次的量化寬鬆政策，大幅增加了美元的供給。黃金的供給量固定是一盎司，然而美元的供給卻從 500 美元、1,000 美元、1,500 美元、1,900 美元這樣增加上去，結果就是黃金上漲到每盎司近 2,000 美元的價格。

當時黃金價格漲勢很強，就算經歷過金融危機，黃金價格也沒有像其他股票一樣大幅震盪，而是呈現穩定上漲的趨勢，因此集中投資黃金現象也愈來愈強。來看看當時的相關報導與圖表（圖 21）。

— 黃金價格創歷史新高，投資黃金的商品報酬率也「飆漲」

— 《韓國聯合通訊社》，2011 年 7 月 15 日

—「投資首選」美國公債人氣下滑，大筆資金投入黃金與德國公債

— 《首爾經濟新聞》，2011 年 7 月 18 日

但是從「圖 21」來看，在黃金價格高點時購買黃金的投資者，直到新冠病毒事件後的 2020 年下半年，才能收回當時的投資本金。特定資產會上漲都是有原因的，這種原因被稱為故事（Narrative），如果人們對某故事做出反應，該項資產的價格就會上漲。不過，如果人們對故事做出反應，而該資產價格強勢上漲了一段時間，人們看到這種價格上的強勢，便會對該故事更加堅信不移，如此一來，集中投資

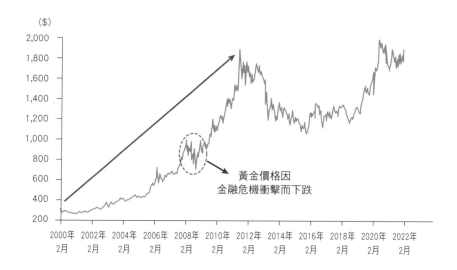

($)

2,000
1,800
1,600
1,400
1,200
1,000
800
600
400
200

黃金價格因
金融危機衝擊而下跌

2000年   2002年   2004年   2006年   2008年   2010年   2012年   2014年   2016年   2018年   2020年   2022年
2月   2月   2月   2月   2月   2月   2月   2月   2月   2月   2月   2月

圖 21 · 國際黃金價格趨勢（2000 年～ 2022 年）

國際黃金的價格自 1980 年代後擺脫了長期低迷的狀態，進入 2000 年代後呈現大幅上漲趨勢。原本每盎司 300 美元的國際黃金價格，到 2011 年為止都持續呈現上升走向，漲到每盎司近 2,000 美元。在金融危機所帶來的衝擊下，黃金持續走著上升趨勢，而投資者們對黃金的關注度提升，2011 年便觸發了黃金投資的熱潮。

該資產的現象就會愈來愈強。

而黃金投資就是這樣的情形。量化寬鬆並沒有止步於第二次，而是出現第三次、第四次，甚至當時還出現了「永遠實行量化寬鬆政策」的說法。也就是說，在金融危機後，人們覺得全球經濟復甦趨勢相當緩慢，所以量化寬鬆只能變得常態化與永久化，那麼每次如此追加釋出資金，黃金價格就會更加強勢。現在聽起來，當時的故事好像

真的是那麼一回事，當我們半信半疑地心想：「這說法是真的嗎？」看到可怕的黃金價格後又會肯定地覺得：「這個說法果然是沒錯的。」那麼就會增加對黃金的投資，對黃金的投資增加又會進一步提高黃金的價格……結果就變成，雖然是因投資資金流入而讓黃金價格上漲，但感覺就好像是「永遠量化寬鬆」的故事在持續推動黃金價格上漲。

實際上在 2012 年 9 月第三次量化寬鬆後，美國經濟開始出現明顯的復甦趨勢，2013 年 5 月美國聯準會宣布結束漫長的貨幣寬鬆政策，發出了緩慢向貨幣緊縮轉變的訊號。而黃金的價格在那時期前後，陷入長時間的低迷狀態。

事例三：2007 年的金磚四國

接下來又是另一個例子。雖然現在投資美國是大趨勢，但 2000 年

代初中期曾掀起投資新興國家的熱潮,尤其是以巴西、俄羅斯、印度、中國之首字母命名的「金磚四國」(BRICs),金磚四國當時正是新興國家投資熱潮的中心。圖 22 比較了新興國家股市與美國 S&P500 指數的表現。

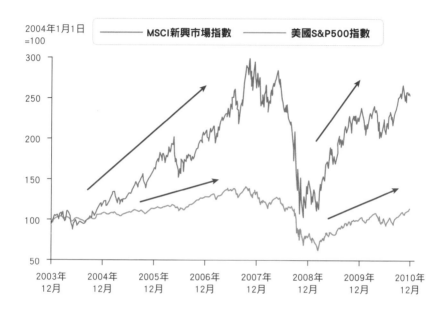

圖 22 · 2000 年代先進國家與新興國家股市的比較

本圖表將 2004 年 1 月 1 日兩個指數的股價換算成 100 作為基準,測出到 2010 年底為止兩個指數的表現。由此可見,從 2004 年到 2010 年底,新興國家的股市正在壓制美國股市。2000 年網際網路泡沫破裂後,相較於新興國家的股市,美國股市的低迷持續了近十年。反之,從 2001 年中國加入聯合國(WTO)開始,新興國家的成長拉力賽自然帶動了 2000 年代初中期新興國家的超強勢股市。

這四個國家人口眾多、領土廣闊，投資成長的可能性無限，而且巴西與俄羅斯是資源豐富的國家，印度與中國則在資訊科技和製造業方面有著各自的優勢，因此即使投資新興國家的變動性高，如果分別投資這四個國家，也能夠讓投資組合達到最大的分散投資效果。即使不講這些細節，當時以中國為主的新興國家成長之勢也很強，很多人都預估樂觀的前景將會持續很久。

新興國家的股市表現看起來相當突出吧？投資美國的成長率低，相較之下新興國家的投資強力成長，當時不少人認為新興國家將維持住強勁成長力道，並認為投資新興國家就是投資之解。不過，在全球金融危機後，美國股市與新興股票市場呈現完全相反的走向。如果你是在全球金融危機前集中投資新興國家股市的投資者，在正要度過2022年的現在，對你來說股市仍然無法回到當初的高點，已陷入長期的低迷狀態。

事例四：汽車、化學、煉油與日本

我們還可以找到其他集中投資的事例。金融危機之後的 2010 年到 2011 年，韓國股市面對的是汽車、化學、煉油產業的拉力賽，汽車、化學、煉油產業的相關股股價呈現超強的走向，將當時的韓國綜合股價指數拉升到了 2,200 點。2007 年 10 月，包括中國在內的新興國家股市表現強勢，得益於此，韓國綜合股價指數突破 2,000 點的大關。不過，由於緊接著襲來的金融危機，韓國綜合股價指數在盤中曾出現低於 900 點的暴跌走勢。

為了拯救因金融危機而崩潰的世界經濟，全世界的政府與中央銀行都出面了，美國聯準會的量化寬鬆政策起到了最大的作用，為了阻止全球成長崩潰，中國大膽投入高達 4 兆人民幣刺激經濟，這項政策的貢獻很大。當時中國為了房地產開發、基礎設施投資，以及擴大製造業設備等，持續實施強力的投資刺激政策，而那時韓國的汽車、化學、煉油產業便成為了中國刺激經濟的直接受惠對象，這讓汽車、化學、煉油產業成為當時韓國綜合股價指數拉力賽的主導股。

另外，我們也來看看日本的情況。2011 年 3 月，日本發生了日本 311 大地震。311 大地震前後，日本經濟狀況相當艱困，內需成長萎縮與核電廠事故等原因導致能源供需不均衡，每當日本經濟困難時，日元必定升值，也因此讓艱苦的局面持續下去。1990 年代初期，日本經濟泡沫破滅時，日經平均指數一度曾達到 38,000 點，在 2011 年 311 大地震後的 2012 年跌到了 8,000 點，而韓國股市卻得益於汽車、化

學、煉油產業拉力賽,持續展現強勢之姿,與韓國相比,日經平均指數的水準顯得相當寒酸(圖 23)。那麼在韓國與日本之間,當時投資者選擇了哪邊?

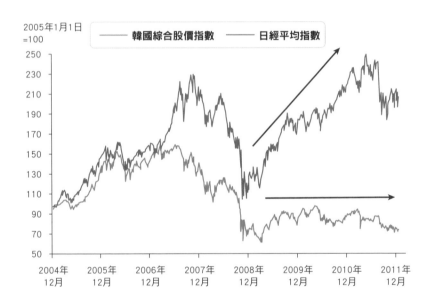

圖 23 · 比較韓國綜合股價指數與日本日經平均指數

本圖表將 2005 年 1 月 1 日的兩個指數換算成 100 作為基準,呈現出至 2011 年底為止的趨勢圖。透過圖表一下就能看出韓國綜合股價指數的表現明顯比日本出色,尤其在金融危機之後,2010 年到 2011 年韓國綜合股價指數超過了金融危機之前的高點,在高空飛行,而主導當時指數的股票是汽車、化學、煉油產業。情況相反的日本遇到 2011 年 3 月日本 311 大地震,延續更加蕭條的趨勢。

當然啦，韓國大幅受惠於中國投資的成長，這樣的敘述內容讓投資者感覺投資韓國股市更有魅力。然而，接著請看以下圖，確認兩邊股市的表現（圖24）。

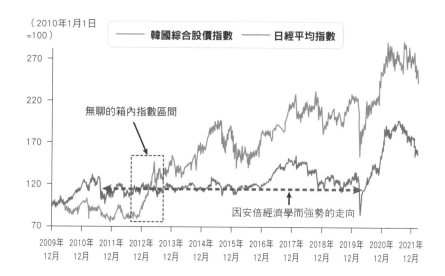

圖 24 · 比較韓國綜合股價指數與日本日經平均指數（2010 年～ 2022 年）

本圖表一樣將 2010 年 1 月 1 日之兩個指數換算成 100 作為基準，呈現出至 2021 年底為止的趨勢圖，此圖表與之前看到的圖表感覺截然不同。得益於 2012 年下半年開始實施的安倍經濟學政策，日元急劇貶值，出口導向型股票的上漲帶動日本日經平均指數上升，日本股市升溫。相反的，受汽車、化學、煉油產業泡沫崩潰與中國經濟成長減緩的影響，韓國綜合股價指數表現不佳，甚至被冠上「箱內指數」的汙名。新冠病毒事件發生後，雖然強力的經濟刺激政策讓韓國綜合股價指數成功登上了 3,000 點，卻仍不及日經平均指數的上漲幅度。

隨著中國的緊縮政策實施，以中國為主的投資成長於 2011 年告終。中國過度以舉債的方式大幅增加工廠設備與房地產等投資，過度投資、設備過剩、過度負債的迴旋鏢原封不動地飛回來擊中中國，在過度負債的情況下，很難繼續貸款以增加設備投資。中國透過負債實現強勁的成長力量，然而一旦失去力量，因受惠而持續強勢的汽車、化學、煉油產業就低下了頭，韓國綜合股價指數也進入長期箱體運動的狀態，因此被冠上「箱內指數」（Boxpi）的汙名，實際上韓國綜合股價指數直到 2017 年才再次站回 2011 年的高點。

相反的，日本股市則展現出不同的趨勢。2012 年安倍晉三上任，實行以無限量化寬鬆聞名的「安倍經濟學」政策，喚醒了日本沉睡的股市，日本日經指數呈大幅上升趨勢，勢不可擋，數年來首次突破 20,000 點。「當時投資日本比投資韓國更好」，這種事後諸葛的話並不是我想表達的重點，我想說的是，在汽車、化學、煉油產業拉力賽

這種可靠的故事下，韓國股價上漲幅度很高，當時認為韓國股市上升勢會輕易受挫的投資者並不多，而且更沒有投資者預測到長期陷在蕭條泥淖的日本股市能展現超強走勢。也就是說，如果我們端看當下的現象，期待此現象未來會加強且持續一段時間，因而集中投資，那麼就有可能遇到投資成果長期不振的情況。把故事當作投資的基準，或把至今的表現當作基準，這種投資不一定是未來的正確答案，所以我們必須警惕，不要集中投資在目前受大眾歡迎的項目上。

事例五：2000 年網際網路泡沫崩潰

　　我們已經利用過去數十年的金融市場趨勢來說明集中投資的危險性，而現在則要談論最後一個例子了，那就是 2000 年的網際網路泡沫崩潰。我們一定記得 1990 年代後半期的亞洲金融危機，當時韓國、印尼、泰國的東亞三國經歷了外匯危機；1998 年俄羅斯宣布暫緩償還貸款，其實這等於是宣布俄羅斯很難償還公債；1999 年巴西也經歷了外匯危機；中國的情況雖然不至於糟糕到面臨外匯危機，但 1998 年中國也因銀行虧損狀況浮出檯面而不斷被中國經濟危機論所困擾；日本在 1990 年代初期因經濟泡沫崩潰的衝擊而進入「失落的十年」；歐洲經濟則在德國統一後難以擺脫低成長的泥淖。是的，亞洲和歐洲等主要國家都陷於困境中，反之，美國經濟卻一枝獨秀，延續了成長趨勢，甚至出現了「美國治世」（Pax Americana）的說法。美國經濟的強勁成長動力在於不同於其他國家的尖端資訊科技技術，而這種故事

大大提高了大家對美國科技股的喜好程度，並將當時的那斯達克綜合指數推到了泡沫化的程度。

　　當時的物價也呈現長期穩定的趨勢，因此美國聯準會並沒有特別考慮上調利率。1998 年俄羅斯宣布暫緩償還貸款，所帶來的衝擊導致大型避險基金長期資本管理公司（LTCM）破產，美國聯準會接著調降了利率，開始刺激經濟。在穩定的物價環境下，隨著美國聯準會持續實行貨幣寬鬆政策，資本市場的流入資金就變多了。資本必然會集中到成長性高的地方，所以當然是集中到了推動成長的核心——資訊科技領域。但是 2000 年代初期的物價上升趨勢開始變強，且資產價格也呈現上升過快的趨勢，站在控制趨勢的立場上，當時的美國聯準會主席葛林斯潘（Alan Greenspan）以快速上調基準利率來應對。以下是當時的圖表（圖 25）。

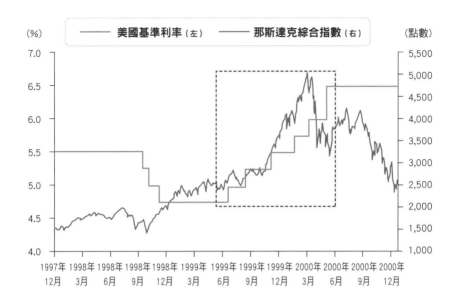

圖 25 · 那斯達克指數與美國基準利率趨勢（1998 年～ 2000 年）

1999 年下半年那斯達克指數飆漲，以那斯達克指數為中心的資產價格因而上漲，出現
了爆發性的個人消費與物價上漲情勢，於是美國聯準會開始採取上調基準利率的動作。
1999 年下半年，4.75% 的基準利率快速調升到 6.5%，尤其是 2000 年 5 月最後一次上調
利率時，調幅不是原來的 0.25%，而是以所謂的「大步伐」（Big Step）方式上調 0.5%。
而快速上調的利率阻礙了高空飛行的那斯達克指數，導致網際網路泡沫的崩潰。

因為價格過高的壓力、物價上漲與美國聯準會的緊縮，長期大幅
上漲的那斯達克指數開始隨之崩潰。當時那斯達克指數展現了超過
5,000 點的強勢，如圖 25 所示，之後的情況與高點相比約下降了近
70%，此後數年間一直維持著低迷的趨勢。而且直到 15 年後的 2015

年，才再次回到 2000 年當時的 5,000 點高點。

2000 年代初期那斯達克泡沫崩潰後，美國股市長期表現低迷，投資者應該對巨大的泡沫崩潰市場沒有太大的興趣吧，因此在 2000 年代中期，以那斯達克為中心的美國股市並不太受歡迎。那麼資金會集中到哪裡去？是的，正如前面所說過的，在 2000 年代中期，比美國股票表現更好的金磚四國等新興國家非常受歡迎。

如果投資者在 2000 年代初期順應集中投資美國科技股的資金流向，因而高額投入那斯達克中，那麼要回收本金就需要 15 年的時間。雖然等待 15 年的漫長時間就已經夠艱難了，但投資者在這期間還錯失了眾多投資機會，因此不得不支付這些機會成本。回頭來看，我們知道當時是泡沫，是非理性的過熱現象，但在 2000 年那斯達克泡沫化的當下，我們很難認知到這是個過熱的現象。在股價上漲到泡沫化的期間，以資訊科技技術革新為基礎的新經濟（New Economy）時代到來，因此有分析解釋，表示這個時期並沒有泡沫化。當那斯達克指數上升到頂點並開始呈現下降趨勢的初期，出現了不少分析覺得這反而是低價收購的機會。尤其是美國聯準會上調利率而泡沫崩潰後，美國聯準會正式將基準利率下調的時候，市場是期待股價強力反彈的。讓我們來看看（圖 26）。

雖然基準利率大幅度下調，但那斯達克指數的下降趨勢持續了相當長的時間。說個題外話，很多人認為上調利率的話股價會下降，下調利率的話股價就會上漲。但至少在 2000 年利率上調的情況下，股價仍呈上升趨勢，而在利率下調的情況下，股價則呈下降的趨勢。那

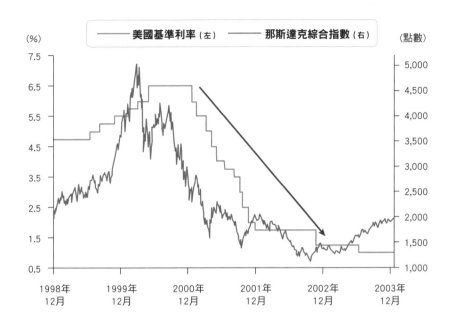

圖 26 ‧ 那斯達克指數與美國基準利率趨勢（1998 年～ 2001 年）

2000 年 5 月 16 日利率上調的前後，包括那斯達克指數在內的股市大幅震盪，擔心因消費放緩而經濟蕭條的憂慮全面浮現。因為消費放緩大幅降低通貨膨脹的壓力，創造出能讓政府果斷下調利率的餘地，因此美國聯準會從 2001 年 1 月開始快速下調利率。不過成長趨緩的速度比降息速度還快，而且已經過度飆升的網際網路泡沫崩潰，所以即使快速下調利率也無法避免資產市場的蕭條了。2000 年 3 月 10 日那斯達克指數呈上升之勢超過了 5,000 點，最後大幅下跌，2002 年下半年跌到了 1,200 到 1,300 點的水位。

麼這就代表上調利率對股價有利，下調利率對股價不利嗎？並不是這樣。利率上調並不會提高股價，而是利率的上升最終才阻止了股價強勢上升，因為擔心股價下跌等對景氣趨緩的憂慮愈來愈大，美國聯準

會才下調利率。沒錯，上調利率導致股價上漲、下調利率導致股價下降的所謂「利率決定論」解釋並不合理，而是因股價暴漲而上調利率、股價暴跌而下調利率的解釋更為合理。雖然也有利率影響股價的情況，但反之也有股價帶動利率的情況，2000 年代就可以算是典型的例子。

大家都以為能避險的標的，為什麼更危險？

在泡沫崩潰前，雖已上調了利率，但股價上漲的傾斜度比之前還要大，看到強勢上升的那斯達克指數，我們很難預測到未來 15 年會呈現蕭條情況。我們前面談了 1970 年代原物料投資的人氣、2000 年代以金磚四國為中心的新興國家投資熱潮、2010 年代初期韓國汽車、化學、煉油產業的泡沫化，還有 2000 年代初美國那斯達克的泡沫化，這些例子都是長期非常強的集中投資事例，要擺脫這種集中投資所帶來的衝擊必須花費很久的時間。

如果深信新興國家的成長會永遠持續，如果覺得以科技股為主的新經濟會勾勒出不同以往的成長故事，如果相信持續至今的通膨未來也將以目前之勢持續下去，如果這些預期心理深深扎根於眾人的心中，那麼不管局勢如何，集中投資最強資產的情況就會加劇。現在大家擔心通貨膨脹的憂慮很深，而且預期通膨會長期持續下去的心理很強烈，因此市場會極度集中投資在通膨情勢中還能堅持下去的資產。

但是，如果我們篤信的通貨膨脹不會持續下去，而是迅速冷卻的

話，那會怎麼樣？在篤信通貨膨脹會永遠持續下去的情況下，市場會過度集中投資特定資產，如果認為時間會讓如此強大的通貨膨脹低頭，或者出現低頭的徵兆，那麼投資資金就可能從集中的資產中迅速流出。那麼怎樣的資產在通膨情勢中算得上是強大的資產呢？我們當然不能漏掉原物料基金。

我們先來釐清一下在通貨膨脹情形下，投資原物料會呈強勁趨勢的原因。強勁的經濟刺激導致需求爆增，雖然市場需要產品供給，但供給的速度很難跟上需求。因各種原因很難找到勞工，所以人工費會上漲，而生產產品需要原物料，因此許多企業同時需要原物料也會成為問題。原物料的需求暴增，原物料價格隨之大幅上漲，而且由於通貨膨脹，對物價上漲的預期心理增強，在這種情況下如果原物料價格暴漲，企業一定會緊張，因為今後生產產品肯定要以更高的價格購買原物料。舉例來說，洪吉童公司表示，為了生產三個月的產品，購買三個月所需的原物料是最基本的，但如果原物料價格上漲如此之快，最好提前購買六個月內所需的材料，而不是只買三個月內所需的材料。問題來了，並不是只有洪吉童公司有這樣的想法，其他企業也有類似的想法，所以大家不是只購買三個月的原物料，而是購買六個月的原物料。沒錯，因為未來原物料價格可能會上漲，所以會提前購買未來需要的物品。

原物料的價格就是如此暴漲的。那麼站在原物料生產國的立場來看應該會感到欣慰吧？當然，如果價格暴漲到破壞全球供需鏈，那麼可能就會有問題。不過，新冠病毒事件剛爆發時，我們擔心負油價的

情況，如果現在原物料價格如此強烈反彈，將會是令人欣慰的事，因為原物料價格上漲可能會獲得更多利潤。那麼原物料生產國有必要提高產量，讓跨國企業盡量能使用到原物料，引導價格下跌嗎？如果稍微減少供應量，原物料價格反而會漲得更兇，這樣一來出口原物料就會獲得更多的利潤，並非一定要大幅增加原物料供給才是好的。是的，不僅需求爆增，供給方面還會持續消極地供應，如此一來，原物料價格上漲趨勢只會更加強勁。

如此上漲的原物料價格會刺激通貨膨脹，那麼現在要討論的就不只是實際原物料的供需，還會涉及到金融投資的領域。投資者們希望在通貨膨脹局勢下，只對強勢資產增加投資，這樣的話，連金融投資的資金都會流向原物料市場。那麼原物料價格會不會暴漲呢？沒錯，在通貨膨脹的情況下，原物料價格就會這樣上漲，因此大家才會認為「如果擔心通貨膨脹，投資原物料就對了」。

從過去的例子來看，在通貨膨脹的情況下，投資原物料的成果很好，而現在的原物料價格也是從谷底開始迅速攀升，短期內原物料價格並沒有下跌的跡象。既然通貨膨脹的情形可能會持續相當長的一段時間，又有很多投資者喜歡投資原物料，那麼資金會不會向原物料投資集中呢？如此一來，原物料價格會因為湧入的資金流而呈現更強的上漲趨勢，大幅上漲的原物料價格又會刺激通貨膨脹加劇，然後通貨膨脹就會變得更強勁，投資原物料的資金又會進一步增加，原物料價格又會再往上漲，刺激更嚴重的通貨膨脹，「原物料、通貨膨脹、原物料、通貨膨脹……」的循環就會延續下去（圖27）。

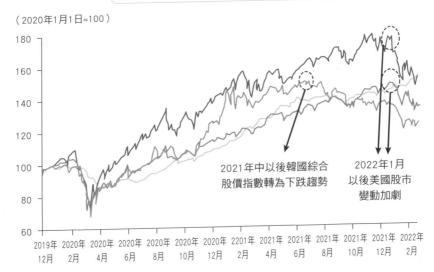

（2020年1月1日=100）

2021年中以後韓國綜合
股價指數轉為下跌趨勢

2022年1月
以後美國股市
變動加劇

圖 27・那斯達克綜合指數、S&P500 指數、韓國綜合股價指數、原物料指數趨勢的比較 (2020 年～2022 年)

將 2020 年 1 月 1 日各項指數的股價換算成 100 作為基準來觀察趨勢，新冠病毒疫情之後，以那斯達克與 S&P500 指數為主的美國股票表現超級強勢，2020 年第四季結束後新興國家隨之跟上，韓國綜合股價指數大幅上升。但 2021 年下半年，物價上漲且擔心美國聯準會實施緊縮政策的憂慮浮現，新興市場的韓國綜合股價指數從 2021 年中開始轉為下跌趨勢，從 2022 年初開始，S&P500 指數與那斯達克綜合指數也呈現不穩定的樣子。相反的，因通貨膨脹而受益的原物料指數（CRB 商品價格指數）還反映出俄羅斯與烏克蘭事態等地緣政治危機的影響，反而呈現強勁的上升趨勢。

實際上如圖 27 所示，即使美國聯準會從 2021 年下半年開始持續預告緊縮，原物料價格也沒有輕易下跌。通貨膨脹應該會加劇且持續很久，其他類型的資產價格不穩定，但原物料的市場卻非常穩固，由於故事已具備，投資者們集中投資的情況將更加嚴重。但如果原物料價格上漲得如此誇張，通貨膨脹也上升到實體經濟無法承受的程度，那麼中長期來看市場對原物料的需求依舊必定萎縮。實際上在 1980 年代、2008 年、2011 年，嚴重的通貨膨脹就壓垮過實體經濟，讓通貨膨脹消退，原物料價格也迅速下跌，我想大家已經清楚看過過去的例子了。是的，如果通貨膨脹消退，原物料的投資就會立即陷入困境，如果考慮到這種突變的可能性，就會小心地不讓投資過度往原物料那邊集中。

第 10 章

大到不會倒的大型成長股
真的存在嗎？

| 洞穴外的世界 |

接下來我們來談談美國大型成長股，美國大型成長股不僅在通貨膨脹的情況下是強大資產，而是在任何情況下都能表現出強勁趨勢的資產。若經濟成長減緩而利率下降，資金流動性大幅增加，這筆錢就會流向相對來說成長較高的美國大型成長股上。那麼低利率時表現強勢的美國大型成長股，在利率高時又會呈現怎樣的趨勢？如果利率上升，負債多的企業就會陷入苦戰。反之，美國大型成長股已站穩了位置，不只是從收益那部分流入的現金很多，負債也不如傳統建設與製造業那麼多。是的，美國大型成長股在利率上升的情況下，展現出不同於其他資產的優勢。那麼我們就可以說，不論利率下降或上升，任何情況下，美國大型成長股都是能維持強勁趨勢的資產吧？

不論景氣好壞都安全的資產

當物價維持在低水位時，低成長很可能是因為物價低廉的關係，為了避免因通貨緊縮而長期經濟蕭條，中央銀行會降低利率。那麼隨著市場資金流動性增加，資金就會湧入相對有成長性的美國大型成長股。相反的，如果物價維持在較高的水位會如何？美國大型成長股利

用本身的大平台壟斷了市場，所以他們有能力將因通膨而增加的費用轉嫁給消費者。在通貨膨脹的情況下，企業因生產費用增加與利潤減少而陷入苦戰，雖然企業也想提高產品售價，不過因無法確保壟斷地位，若隨意提高售價就會被沒提高價格的其他競爭者擠下去。相反的，美國大型成長股則確保了壟斷地位，可以將增加的生產費用反映到產品售價上，如此一來，受物價上漲的衝擊也會相對降低。

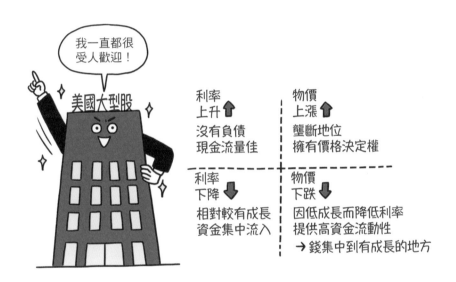

　　統整這一連串的內容來說就是，美國大型成長股在景氣與不景氣、利率上升與下降、通貨緊縮與通貨膨脹等任何環境下都會成為強大的資產。那麼美國大型成長股什麼時候會跌呢？我們來看一下美國大型成長股股價的長期趨勢。

　　這和先前提到的原物料情況又不同了？雖然原物料投資在通貨膨

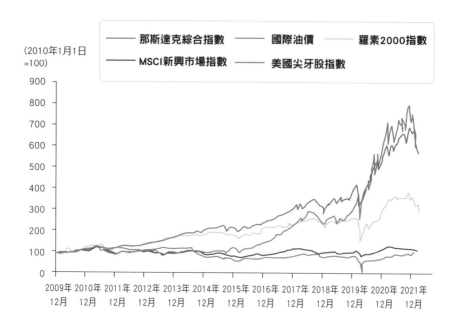

(2010年1月1日
=100)

那斯達克綜合指數 ── 國際油價 ── 羅素2000指數
MSCI新興市場指數 ── 美國尖牙股指數

圖 28・美國與新興國家主要指數及國際油價長期表現的比較（2010年～2022年）

將 2010 年 1 月 1 日的五種指數全部換算成 100 作為基準來觀察趨勢，我們能夠發現，到 2022 年初期為止，那斯達克與美國代表性的大型股美國尖牙股指數幾乎上升了七到八倍。反之，最近備受矚目的國際油價或持續呈現低迷的新興國家 MSCI 新興市場指數，超過十年都未有令人印象深刻的表現。透過圖表可以發現，美國中小型股羅素 2000 指數雖然同屬美國股市，但中長期的表現遠遠落後於大型科技成長股。

胀的情況下表現亮眼，但美國大型成長股卻給人一種全能玩家的感覺，無論放在哪個狀況下好像都是很強的資產。2018 年初美國聯準會強烈預告緊縮措施時，包括新興國家在內，大多數國家的金融市場從

2018 年 2 月開始大幅下跌，但美國大型成長股強勁的趨勢卻持續了很久。記得從 2020 年 1 月底開始，新冠病毒的衝擊重創了全球金融市場，包括中國股市在內，多數國家的股市呈現暴跌趨勢，然而美國大型成長股卻與其不同，保持著穩定上升的趨勢。

在金融市場動盪不安的局面下，若能保持穩定的強勢之姿就能稱得上是安全資產嗎？以下是一則關於 CNBC 的報導，這則報導說明了在新冠病毒事件初期，美國大型成長股展現出異於他人的強勢之姿，請仔細閱讀以下的內容。

─ CNBC：「認定美國大型科技股是安全資產的看法可能扭曲失真。」

CNBC 在本月 17 日報導，最近美國股市在新型冠狀病毒（新冠病毒）的傳染擴散下表現依舊強勢，因為在全球經濟不穩定的局勢中，實際上大家都把美國成長股視為「安全資產」。

CNBC 指出：「本年度起，市場似乎將高品質的美國資產視為安全資產，這種想法是有道理的。然而不管再怎麼有道理，這樣的想法終究是過於誇張，最終會走向扭曲失真的狀況。」

本年度美國 S&P500 指數漲了快 5%，高於其他主要國家的股價上漲率，其中技術、房地產、工具與最終財等行業創下了更高的報酬率，美國 S&P500 指數中漲幅落後的行業則是能源、金融與生產業

等行業，尤其是未來成長性與獲利顯著的蘋果、微軟等大型科技股，他們吸引了世界各地的資金。

美國先鋒集團的「巨型企業成長股上市指數型基金」是由那斯達克市場的市價總額上位圈股票組成的 ETF，在過去的六個月裡報酬率超過了 25%。相反的，由跨國企業組成的「全球道瓊指數 ETF」同期報酬率停在 10% 出頭。

諮詢策略公司（Fundstrat Global Advisors）的策略師湯姆利評價道：「美國股票具備了安全資產交易的三項要素。」根據他的說法，美國經濟成長領先於其他國家，S&P500 指數也是以成長為動力的大型股指數。在這種情況下，全世界 3 百兆美元規模的家庭流動性資產中，S&P500 指數仍然是有稀缺性價值的指數。

—《韓聯社財經新聞》，2020 年 2 月 17 日

有人說，很多投資者將美國大型成長股視為安全資產，而且從實際表現來看，其他資產吸收了新冠病毒所帶來的衝擊，在 6 個月內只上漲了 10% 左右，然而美國大型成長股卻創下了成長超過 25% 的成果，這就證明了上述的論點。從報導的最後段落來看，不斷有人稱讚美國大型成長股完全具備了安全資產要素。不論景氣好或壞、利率高或低、通貨膨脹或緊縮，美國大型成長股表現都很強，而且又能稱得上是安全資產，那麼美國大型成長股應該被稱作「完全資產」，而不是「安全資產」吧？好像用完備域資產或完美無缺的資產等稱呼來形

容也不誇張。

但是從上述報道來看，CNBC 並非只有連連稱讚，重讀報導的第二段，報導告訴我們故事本身就有道理，因此大大提高了美國大型成長股的魅力，但同時也警告我們這種想法可能「過於誇張」且「走向扭曲失真」。報導使用了「扭曲」一詞，這裡說的是哪一種扭曲呢？當然，因為我不是 CNBC，所以很難準確知道 CNBC 的意思，但我認為扭曲是存在的。

經濟蕭條，但股市卻出現史無前例的超強漲勢？

因新冠病毒事件股市暴跌後，美國聯準會強力增加資金的流動性，金融市場隨之出現嚴重的扭曲，雖然新冠病毒導致經濟蕭條，但股市卻呈現史無前例的超強趨勢。經濟景氣好時股票當然會表現強勢，不過此時經濟不景氣，股價卻進一步上漲，難道不論經濟好壞，股價都會一直上漲嗎？現在很多人都已知道這題的答案了。因為經濟不景氣時，美國聯準會過度釋出資金，因此股價憑藉著這筆錢的力量上漲了。如此一來，投資人在景氣好時就買進股票，而就算景氣不好，美國聯準會也會釋出資金提高股價，投資者們懷抱著這樣的期待購買股票。儘管景氣趨緩，投資者們預測到美國聯準會釋出資金來支援，於是毫不猶豫地買了股票，進而讓股價上漲。沒錯，正常來說，股票在景氣好的時候表現強勢，在不景氣時經常呈現弱勢，但由於資金的力量起了作用，人們利用資金的力量去購買股票，因此在經濟不

景氣時股票也能成為強大的完全資產。

　　現在我們再回來美國大型成長股的話題上，當然，眾所周知的事實是，與其他股票相比，美國大型成長股擁有強而有力的壟斷地位、高投報率與特殊技術能力等特性，因為有這些不同於其他類資產的特性，在物價上漲、利率上升等經濟環境瞬息萬變的不確定情況下，投資者們喜歡在多數情況中表現最穩定的強勢大型成長股。全球資金因而向大型成長股的方向集中，即使環境不穩定，購買這類股票的投資者還是愈來愈多，因此也有可能是資金的力量讓這類股票表現強勢。

　　經過了幾十年，真正的通貨膨脹終於到來，如今美國聯準會開始實施緊縮政策，正在準備提高利率，物價上漲與利率上升對股市來說將會是極為不利的因素。不過此時我們要記住，目前釋出的資金流動性是很大的，流動性並不會瞬間消失，而是透過緊縮的過程慢慢減少。由於已經預告了緊縮，而且能預見通貨膨脹變嚴重的未來，因此股票市場內的投資者們也會加緊腳步應對通貨膨脹與美國聯準會的緊縮措施，如此一來，資金將轉移到相對穩定的大型成長股，由於購買該股票的「金錢力量」發揮作用，所以即使物價正在逐漸上漲且緊縮措施正在大步逼近，該股票還是會表現得很強勢。

　　為了讓大家更容易理解，讓我來舉例說明一下。一位爸爸和孩子去水上樂園玩水，玩完水後打算把游泳圈的氣放掉，孩子想看爸爸怎麼把游泳圈的氣放掉，緊盯著救生圈的其中一側。爸爸打開救生圈的進氣口，開始放氣，但游泳圈洩氣的速度有點慢，爸爸感到不耐煩，便用手臂壓住救生圈另一側，結果洩氣的聲音聽起來變更大聲，洩氣

速度也變更快了。但神奇的事卻發生了。因為爸爸用手臂壓住一側，原本逐漸萎縮的救生圈在另一側又變得鼓鼓的了。原以為救生圈會一直縮小的孩子嚇了一跳，他對爸爸說：「就算洩了氣，這一邊還是會變鼓。」請問，如果你是故事中的爸爸，你要怎麼回答才好？「這個救生圈是充氣會變鼓、洩氣也會變鼓的魔法游泳圈。」你會這樣解釋嗎？又或者你會笑著說：「因為空氣都向這一側集中，所以才會看起來這樣。現在還是一直在洩氣，再等一下吧。」是我的話，我會選擇後者。

可是孩子的疑心病很重，覺得自己明明親眼看到救生圈變更鼓了。爸爸讓他再等一下，但已經過了 30 秒游泳圈卻還是鼓鼓的（假設游泳圈比較大，洩氣要有點久），於是孩子覺得很奇怪，覺得爸爸

好像搞錯了，再過一段時間後，孩子就會問：「你確定這邊也會縮小嗎？」

爸爸怎麼會知道等一下另一邊的氣也會消下去呢？沒錯，因為爸爸小時候也有過這樣的經驗。當然爸爸無法答出「剛好在 3 分 35 秒後洩氣」這種精確的答案，但是依照過往的經驗，他知道最後變鼓鼓的那一邊也會消氣。沒有這種經驗的孩子，看著洩氣後反而變得更鼓的救生圈，當然就會一直想這是不是「魔法游泳圈」。

假設游泳圈代表的是全球金融市場，然後把吹進去游泳圈的氣體當作是全球的資金流動性，而從游泳圈中抽出氣的是美國聯準會的緊

縮措施。如果美國聯準會開始實施貨幣緊縮政策，在恐懼的氣氛下資金就會集中到相對安全的地方。那麼游泳圈的一側可能會萎縮，但另一側反而會變得鼓鼓的，之前注入的空氣，也就是目前釋出的資金，全都集中到了鼓鼓的那一側去了。這樣一來，即使實施貨幣緊縮措施，該資產的價格還是會上漲，雖然終究會受緊縮措施影響，但短時間內並不會受到太大的影響，反而會讓人覺得這種資產在緊縮政策下是很強大的。沒錯，如果資金的力量起了作用，人們就會認為股票在不景氣的情況下是很強的資產。如果資金集中在特定的資產上，在嚴重通貨膨脹或強烈緊縮的情況下，該資產的股價也會上漲。

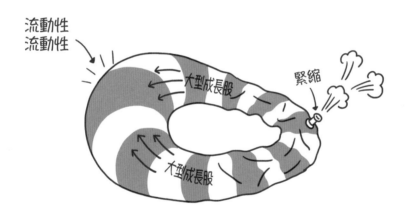

問題是，人們會將透過金錢力量而上漲的資產視為對抗通膨與緊縮的資產，並投入更多資金。通膨加劇，其他資產陷入苦戰，大型成長股卻持續保持強勢，一枝獨秀，那麼是不是該擺脫正在苦撐的資產，在這種情況下購買上漲的大型成長股？物價上漲越誇張，其他資

產就愈會陷入苦戰，資金往大型成長股集中的傾向就愈嚴重。

造神運動＋大撒幣效應，讓大型成長股失真

但是在這種情況下，如果美國聯準會的緊縮措施比想像的還強會如何？那麼大型成長股也可能開始動搖。2018 年第四季就發生了類似的情形。隨著 2018 年 1 月開始預告美國利率上調，整個資產市場從 2018 年 2 月開始出現不穩的狀況。雖然在其他資產苦戰時美國股市一枝獨秀地強勢，但美國聯準會宣布將實施比預測狀況更強的緊縮措施，10 月以後美國股市與一直表現強勢的大型成長股，也開始呈現不穩的狀態，其 2018 年第四季所受到的衝擊，反而比新興國家等的其他資產所受到的衝擊還大（圖 29）。

2020 年 2 月新冠病毒事件初期的情況也是如此。從 1 月底中國股市開始大幅下跌，新興國家雖然整體都陷入苦戰，但被認定為安全資產的美國股市卻持續走強。不過，在新冠病毒入侵美國本土與全球景氣鈍化加速的前景下，沒有任何人能置身事外。先前所引用的報導「CNBC：『認定美國大型科技股是安全資產的看法可能扭曲失真。』」此報導於 2020 年 2 月 17 日發布，實際上美股異於他人的趨勢也在兩天後的 2020 年 2 月 19 日漲到最高點，而後便大幅震盪。

著名的哲學家培根（Francis Bacon）曾說過「洞穴偶像」概念。故事的情境是有囚犯們被關在洞穴中，他們連被脖子都被鍊住，所以一輩子都只能看到洞穴其中一側的牆壁。囚犯們的身後燒著柴火，獄

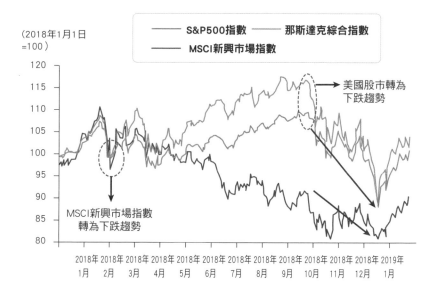

（2018年1月1日
=100）

圖 29 · 美國主要指數與新興國家股價趨勢（2018 年～ 2019 年）

本圖表將 2018 年 1 月 1 日的 S&P500 指數、那斯達克綜合指數、MSCI 新興市場指數全部換算成 100 作為基準。從 2018 年 2 月初美國正式表明將加速上調利率的速度後，市場開始呈現不穩定的狀態，此後新興市場無法復原，一直呈現低迷的狀態。但是 S&P500 指數與那斯達克綜合指數卻強勁地反彈上升，上升趨勢將持續到 9 月份。但是此後，隨著人們漸漸對美國聯準會不斷上調利率的立場感到壓力，美國的主要指數就會迅速下跌。當美國股市真正大跌時，美國股市的跌幅肯定會比新興國家市場的跌幅來得大。

卒、其他人或動物在柴火前走來走去，但囚犯們連頭都轉不過來，所以不能親眼見到他們。柴火的光加上人們的動作會產生光影，因此囚犯們只能看洞穴牆壁上的影子來判斷，即使有一隻狗經過，他們也無

法看到狗的實體，所以會判定牠是非常大的黑色物體。因為他們眼睛看到的並不是狗的本體，而只是個影子，所以會認為影子就是狗的本體，對現實的認知產生扭曲。

雖然莫名其妙地談到了哲學有點離題，然而就像洞穴偶像的現實扭曲現象一樣，也許美國大型成長股實際上不是用來對抗美國聯準會緊縮措施或通貨膨脹的強大資產。集中投資造就出奇怪的現實情景，已經釋出資金，金流卻集中到某處，不論是在通貨膨脹局面下，或在美國聯準會開始實施緊縮措施的情況下，被集中投資的資產不都是依靠金錢的力量繼續保持強勢嗎？而且，投資者長期以來一直看到被金錢力量扭曲的現實，因此不管利率提高或降低，不管物價上漲或下跌，不管市場穩定或動搖，投資者都會認定該資產就是會永遠上漲的資產。就像洞穴偶像故事中的囚犯，洞穴其中一側的牆上出現扭曲的現實，而他們卻把扭曲的現實當成了事實。這種認知將目前所釋出的資金全集中到同一邊，甚至衍生出「完全資產」的神話。

讓我來整理一下這一段長篇大論。我並不是要表達投資原物料或美國大型成長股的好壞，而是認為必須打開通膨局面下的可能性，並分散投資原物料。而且我認為全球最獨具成長性的美國大型成長股，也是非常有吸引力的投資目標。不過為了在通貨膨脹的局面下生存下來，對於只集中投資原物料或者美國大型成長股的做法，我們應該要具備明確的警戒心態。

通貨膨脹的環境也許會突然改變，如果只關注通貨膨脹，而讓過度集中投資的資金逆流，可能會受到比想像還嚴重的衝擊。1970 年代

集中投資原物料、2000 年代中期集中投資新興國家、2011 年集中投資汽車、化學、煉油產業投資、2000 年集中投資美國資訊科技業，以上這些事例都證明了我的論點。好，就讓本章結束在建議大家要對集中投資有警戒心這裡吧。下一章我將會說明與集中投資相對的概念，進一步談論分散投資。

第 **11** 章

無聊的投資策略，最安全

|分散投資好無聊！|

集中投資的反義詞是什麼？很簡單，就是「分散投資」。一提到分散投資的概念，馬上就有人會說：「大家都知道，就是不要把雞蛋放在同一個籃子裡，對吧？」。集中投資看起來乾脆利落、充滿自信，成功的話還能帶來可觀的報酬。然而分散投資卻不夠確定，而且看起來好似沒什麼自信，就算成功了也無法帶來另人印象深刻的獲利。分散投資就是有著令人難以忍受的無聊。不過相較集中投資失敗時所帶來的劇烈衝擊，分散投資可以某個程度上降低這份衝擊。

雞蛋不要放在同一個籃子裡

分散投資該怎麼做才好？如果問起投資人，大多數人會認為分散投資是將資金分別投入股票與債券。分別投入股票和債券也是分散投資沒錯，不過分散投資並不只局限於股票與債券。我們可以分散投資多種資產，藉此相當程度降低各種局勢所帶來的衝擊。接下來一起來看看比我們想像中更多樣、更不簡單的分散投資。

只買股票與公債還不夠

　　首先，先假設我是一位土耳其投資人，分散投資了土耳其的股票和債券。雖然股票確實很危險，但是因為我投資了穩定的土耳其公債，所以我認為自己已經確實將資金分散投資了。但是發生了一個問題，由於土耳其自身國家風險變高，外資開始離開土耳其，愈來愈多外資賣掉土耳其的資產後離開，然而土耳其的資產不只有股票，也包含公債。

　　他們賣掉土耳其的股票與債券，把獲得的土耳其里拉賣掉後買入美元，接著離開土耳其市場。在這個過程中土耳其的股價大幅下跌，土耳其公債的價格也大幅下跌。土耳其公債價格下跌，就意味著土耳其公債的殖利率上漲。

　　由於外資大量離開，土耳其的經濟當然也不好，在這種情況下，如果連土耳其的利率也應聲上漲，土耳其的經濟就會愈來愈困難，土耳其的股票市場也會更加萎縮。並且土耳其里拉價值會崩跌，隨著里拉兌美元的價值下跌，從海外進口產品的時候，進口物價扶搖直上。

倘若物價上漲，會對原本就陷入苦戰的土耳其公債造成致命的一擊，土耳其公債的價格將會受到更大的衝擊。

讓我們邊看圖30邊做更深入的研究。這張圖是2018年土耳其的股票與公債殖利率走勢。土耳其的股價雖大幅下跌，但利率卻大幅上漲。隨著當時美國聯準會的利率上調速度加快，市場對於土耳其資本流出的擔憂加劇，結果土耳其股票與公債皆遭受打擊。那麼分散投資土耳其股票與債券的投資者們處於什麼狀況？沒錯，就是無法發揮分散投資的效果。由此可見，光將資金分散在股票和債券遠遠不夠。

也許有人會反駁說，這是刻意選了一個行不通的案例，是一種「惡意編撰」。沒錯，這是一個犀利的指責。我們來看一下韓國的股價與公債殖利率對照圖吧（圖31），一般情況是一眼就可以看出兩個指數的走勢是連動的。

景氣好的話股價就會上漲，景氣好也會使經濟主體消費增加，企業為了應應這些消費，就會增加投資。消費增加的話，物價就會上漲，物價的上漲就成為了利率上漲的主要因素。為了增加投資，企業們會貸款，貸款也就意味著對金錢的需求增加。對金錢的需求增加，就會使金錢的價格也就是利率上漲。沒錯，景氣好的話股價會上漲，利率也會上漲。如果景氣好的話，股價雖然會上漲，但是利率在上漲的同時，債券的價格會下跌，債券投資人就會發生虧損。

反之，如果經濟放緩的話，股價就會下跌。隨著消費減少，物價也會下跌，企業的投資也會大幅減少。中央銀行為了刺激景氣開始投放資金，錢的供給增加了，但是想借錢投資的企業卻已消聲匿跡。當

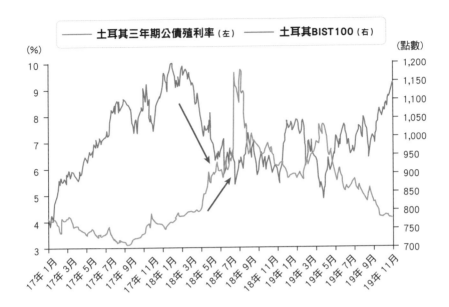

圖 30・土耳其三年期公債殖利率與土耳其股價指數走勢（2017 年～ 2019 年）

2018 年中旬開始土耳其的股價指數（藍線）開始走跌。一般在股價下跌的時候，資金會湧入屬於安全資產的公債，公債殖利率也會隨之下跌。但是土耳其的情況卻完全不同，由於公債殖利率飆漲，投資公債的人也遭受虧損。我們可以從土耳其的例子中得知，分散投資股票和債券行不同通。

資金供給過剩但需求不足，錢的價值（利率）當然會下降。利率下降意味著債券價格上漲，雖然股價下跌，但是隨著利率同時下跌，公債投資人的笑顏逐漸開朗，這是在經濟放緩的時候，把分散投資的效果做到最大化的例子。

統整來說，韓國在一般情況下，若股票上漲公債殖利率也會上漲

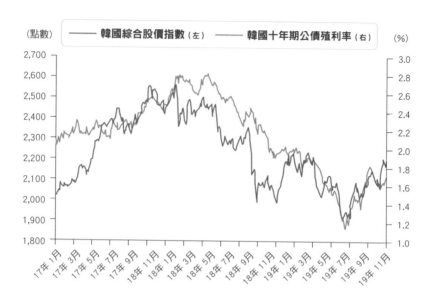

（點數）　　——— 韓國綜合股價指數（左）　　——— 韓國十年期公債殖利率（右）　　（%）

圖 31．韓國十年期公債殖利率 & 韓國綜合股價指數（2015 年～ 2020 年）

隨著實體經濟轉好，經濟成長轉強的時候，股價上漲的同時，公債殖利率也總是會一起上漲。然而經濟放緩的話，也會出現股價下跌和公債殖利率下跌（公債價格上漲）的情況。總而言之，股價上漲的時候公債殖利率也會上漲，股價下跌的時候公債殖利率也會下跌，從上圖就可以很明顯的看到這個現象，我們可以看見代表股價的藍色線與代表公債殖利率的紅色線一起波動。這張圖表和上方「圖 30」的土耳其股價與公債殖利率圖取自同個時間段，不同於新興國家中總體經濟不安全感較高的土耳其，我們可以從中看到韓國股市與債券的圖表走勢。

（債券價格下跌），若股市走低公債殖利率也會下跌（債券價格上升）。由於股價和公債殖利率走勢相同，所以股票和債券分散投資可能會有效果。但是如果看到圖 32 的話，故事就不一樣了。這是 2020

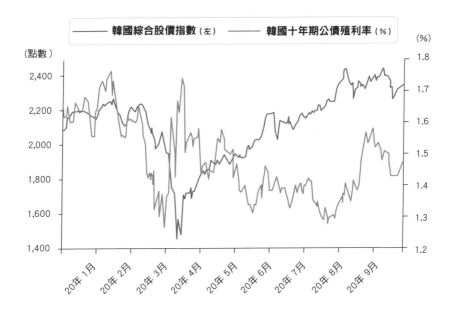

| 韓國綜合股價指數（左） | 韓國十年期公債殖利率（%） |

圖 32 · 韓國十年期公債殖利率與韓國綜合股價指數（2020 ～ 2021 年）

在面臨如同新冠肺炎的全球危機時，韓國公債也無法置身於事外。2020 年 3 月新冠肺炎事態加劇，韓國綜合股價指數（藍線）暴跌的同時，韓國十年期公債殖利率（紅線）無法轉跌，反而出現了飆漲。隨著外資對於整體總體經濟產生巨大的恐懼感，韓國股票和債券都處在拋售的狀態下。此時韓國也面臨了股價與公債價格同時下跌的狀況，當下韓國公債未能起到安全資產的作用。

年因為新冠肺炎衝擊使全球股市大幅下跌時的線圖。

　　從 2020 年 3 月可以看到韓國綜合股價指數（藍線）正在大幅走跌，然而韓國十年期公債殖利率（紅線）大幅上升。股價如果與公債殖利率連動，股價大幅下跌公債殖利率也應該大幅下跌，但是殖利率

卻反其道而行大幅上升。沒錯，這跟前面提到的土耳其案例如出一轍。當全球危機嚴峻時，即便是在新興國家中較為穩定的韓國，也會出現資本出走的情況。2020 年 3 月當時，隨著大部分的新興國家資本外流疑慮增加，外資把新興國家的股票和債券全數賣出並離開市場，所以造成股價崩跌與債券殖利率飆漲（債券價格下跌）的現象。由於股票和債券雙雙滅亡，分散投資的效果就非常低。韓國股市與債券市場在 2020 年新冠肺炎危機和 2008 年金融危機曾出現過股市與公債投資同時虧損。我們之所以要做分散投資，是為了有效預防無法預測的危機。但是在真正的危機面前，遇到股債雙殺，我們就會質疑光靠股票和債券所進行的分散投資是否真的有效。

購入不同國家的公債就能有效分散風險？

　　也許有人會想，「新興國家才會發生這種問題，只要分散投資美股與美債，就可以一個程度解決這個問題」。但即便是美國金融市場，看起來也好像無法從這個問題上脫身。前面我們有提過 1970 年代是「大通膨時代」，讓我們來看一下當時美國 S&P500 指數與美國十年期公債殖利率走勢。

　　再度總結來說，股價與債券殖利率若同時波動，股票和債券就具有分散投資的效果，但若反向波動，分散的效果便不彰。我們要關注股價與債券殖利率是否有朝相同的方向波動。基於這個觀點，再讓我們看看「圖 33」。藍線是美國標誌性股價指數——道瓊指數，紅線是美國十年期公債殖利率。1973 年初開始至 1979 年底為止，這兩條線與其說是往相同方向波動，反向波動的傾象更加強烈。1973 年開始至 1974 年底為止，道瓊指數大幅下跌，但是美國十年期公債殖利率從 6% 出頭上漲至 8% 中段，上漲趨勢非常快。

　　特別是 1976 年後，道瓊指數持續低迷，但是債券殖利率卻強勢上漲，可以看到十年期公債殖利率上漲至將近 14%。從線圖整體上可以看出，美國道瓊指數從 1973 年開始下跌至 1979 年底，而十年期公債殖利率漲幅卻相當之大。沒錯，股價下跌但是債券殖利率卻上漲了。回顧美國境內通膨壓力強勁的 1970 年代，股票與債券了無生趣，我們可以從中得知，分散投資這兩項資產的效果並不大。

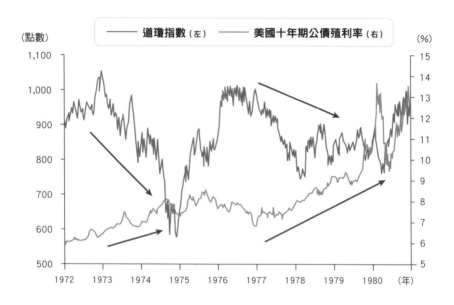

圖 33・1970 年代道瓊指數與美國十年期公債殖利率走勢

1970 年代是美國經濟非常痛苦的時期。1972 年至 1975 年間，美國標誌性指數——道瓊指數大幅下跌，公債殖利率也從 6% 上漲至 8%，公債價格也跟著走跌。後來第二次石油危機來臨，1977 年初開始股價再次大幅下跌，當時公債殖利率從 7% 上漲至 14%，股票和債券共同陷入萎靡不振的趨勢中。

股市輸的，可以從原物料賺回來？

那麼 1970 年代中，持有哪一項資產才是守護自身投資組合的明智選擇？請看圖 34。

1970 年代初期，油價每桶停留在 3 美元左右，爾後隨著油價大幅

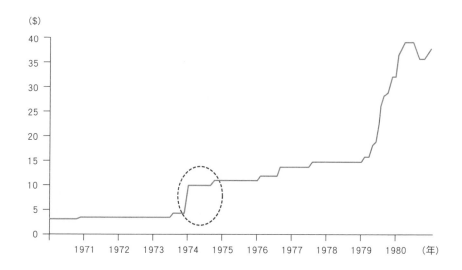

($)

40
35
30
25
20
15
10
5
0

1971　1972　1973　1974　1975　1976　1977　1978　1979　1980　（年）

圖 34 · 1970 年代國際油價走勢

在股票、債券同時萎靡不振的情況下，出現了投資另類資產的需求，最典型的就是石油
等原物料。當時國際油價從每桶 2 美元～3 美元大幅上漲至超過 40 美元。中間的灰色
線狀代表景氣蕭條期，我們可以看到國際油價在 1974 年～1975 年的經濟蕭條下大幅上
漲。1970 年代，投資原油成為投資股票和債券的替代方案。

上漲，1980 年代初期上漲至接近 40 美元，漲幅接近十倍。如同我們
在圖 35 上看到的一樣，金價在 1970 年代初期每盎司約 35 美元，但
是 1980 年代初期卻超過每盎司 500 美元。在被認為是通膨時代的
1970 年代，投資原油、黃金等原物料的效果非常顯赫。我們在股票和
債券這類從古延續至今的投資資產中，找不到解決方案，但是黃金或
石油等資產卻成為了這份解答。像黃金和石油這種動向有別於傳統股

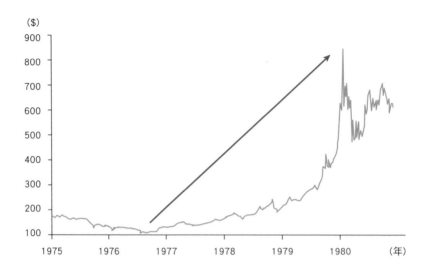

($)

900		
800		
700		
600		
500		
400		
300		
200		
100		

1975　　1976　　1977　　1978　　1979　　1980　　（年）

圖 35．國際金價走勢（1975 年～ 1980 年）

黃金也是 1970 年代備受矚目的投資對象。1970 年代初期每盎司停留在 35 美元左右的國際金價，在金本位制度廢除後開始大幅上漲，1980 年代初期飆漲至每盎司近 900 美元，呈現出令人印象深刻的強勢漲幅。

票和債券的資產，我們稱之為「另類資產」。沒錯，1970 年代當時，投資組合中除了股票和資產以外，也要同時加入原油、黃金等另類資產，才是將分散投資效果最大化的解決方案。

看完了另類投資後，還是有一個問題沒有解決。前面我們提到新冠肺炎危機下，韓國的股票與債券雙雙下跌的案例，對吧？在這個情況下，投資原油或黃金也不是正確解答。新冠肺炎危機使全球資產崩潰，股票、債券、原油、黃金、不動產投資信託都正在崩潰。在這種

狀態下，為了生存所需要的資產就是美元。2000 年以後，所有資產都陷入崩潰的時期，就是新冠肺炎事態的當下，以及 2008 年金融危機的時候。這種時候毫無例外會出現一種超級強勢的資產，也就是「現金」。你可能會想「蛤？現金的價值雖然不會貶值，但也沒有超級強勢吧？」但這裡說的並不是韓圜，而是美元。以全球投資來說，對全球投資人而言現金指的當然不是韓圜而是美元。圖 36 是 2000 年以後韓國綜合股價指數與美元兌韓圜的匯率線圖。

美元兌韓圜的匯率是指要支出多少韓圜才能換取 1 美元。美元兌韓圜的匯率上漲，代表必須支付更多的韓圜才能買到 1 美元，由於需要支付更多韓圜，也就代表美元變貴了。我們會寫為「美元兌韓元匯率上升」，也就是指「美元較強勢」。反之，如果美元兌韓圜下跌的話，代表可以用更少的韓圜買到美元，也就是指相較於韓圜，美元的

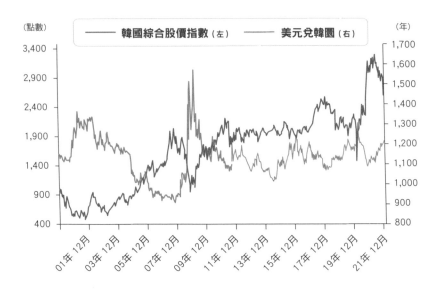

(點數)　　　　　　　　　　　　　　　　　　　　　　　　　　　　　　　　　　　(年)

―― 韓國綜合股價指數 (左)　　　―― 美元兌韓圜 (右)

圖 36 · 韓國綜合股價指數與美元兌韓元匯率走勢（2000 年以後）

大致上美元兌韓圜的匯率與韓國綜合股價指數呈相反走勢。在股票市場處於熊市的時候，持有美元會成為防止投資組合下放的對策。特別是 2000 年的網路泡沫化、20008 年的金融危機、2020 年的新冠肺炎，美元兌韓圜的匯率都呈現暴漲的趨勢，而韓國綜合股價指數當然是大幅下跌。在強大危機下，美元可謂是投資組合中不可或缺的必要元素。

價值減弱。我們會寫為「美元兌韓元匯率下跌」，也就是指「美元較弱勢」。

　　現在讓我們重新回到「圖 36」，我們一眼就能看出韓國綜合股價指數（藍線）與美元兌韓圜匯率（紅線）呈反向走勢。當股價上漲的時候（藍線上升）美元轉弱（紅線下降），然而當股價下跌的時候，

美元轉強。那麼美元最強勢的時期是什麼時候？就是紅線高高聳立的那個時候。2008 年金融危機當時，美元兌韓元的匯率是將近每 1 美元兌 1,600 韓圜，當時的韓國綜合股價指數下跌至 1,000 點以下。接著讓我們看到 2020 年初期，因為圖表的時序較長，可能看起來不太明顯，但是從標示好的方框上我們可以看到藍線崩跌、紅線大幅上漲，美元兌韓圜的匯率上漲到了 1,300 韓圜。沒錯，在危機下股票和債券雙雙崩盤的時期，美元毫不例外地呈現出強勢的狀態。

雖然說「美元可以抵抗危機」的特性很重要，但是在危機下，當其他資產搖搖欲墜的時候，唯有美元處於強勢並成為非常安全資產，這一點也很值得關注。光靠分散投資股票與債券無法解決問題的 1970 年代，我們得以透過分散投資原油與黃金等另類資產解決問題。當股票、債券、原物料、黃金等所有資產都在下跌的時期，在這種極度危機的情況下，找不到合適的解決方案時，就可以透過投資身為安全資產的美元來解決問題。

棉花

氣墊
提籃

美元

當然，像 2008 年金融危機和 2020 年新冠肺炎這種極度危機的狀況並不常出現，也許是整體投資期間中，每十年才得以見到一次的罕見案例。但即便是十年一次的機率，倘若衝擊的力道足以撼動我們的整個投資組合，當然有需要納入考量吧？人生中，在醫院度過的時間真的很短，但是我們絕對不能因為很少去醫院，就說醫院沒有存在的必要？為了在無法療癒的危機中，盡可能降低投資虧損的可能性，最好也將美元這種非常安全資產業納入其中。分散投資股票和債券的理由，總歸來說也是把資金放入安全資產特性較強的債券中，在股票崩盤時降低危險。但是在真正極度的危機下，債券也可能會崩潰，我們也必須將為了應對這種狀況的資產納入考量當中。

　　原本我們認為分散投資只要分別投資股票和債券，但是相關的話題卻比想像中更長。讓我來稍微整理一下。以土耳其的案例來說，分散投資股票和債券在新興國家並不容易，國家經濟本身就不太安定的新興國家中，很可能會因為資本流出而遭受衝擊，在這個情況下，股票和債券都會動搖，也就是說分散投資股票和債券的效果，隨時都可能受到動搖。當然，韓國並不像土耳其一樣經常遭受資本流出所引發的危機。但是在金融危機或新冠肺炎等非常危機的情況下，股票和債券也都會有所動盪。

　　身為先進國家又是金融強國的美國就不一樣了嗎？美國在 1970 年代石油危機的時候，股票和債券都歷經崩盤，經歷了很長時間的困頓。在這個困難的時期，造就了原物料與黃金這種另類投資資產。但儘管如此，在毫無解決方法的非常危機狀態下，最終唯有全球現金，

也就是美元能為此解答。透過這些實際金融市場上發生的案例，我想試著告訴大家，除了股票和債券以外，我們也有必要同時考慮這些各式各樣的資產。

四大分散投資策略

這裡我們試著提出培養分散效果的「四大分散投資」概念。原本提到分散投資，大家都會想到分散在股票和債券上，認為非常簡單，但是出現了四個種類之後，大家可能會感到複雜。不過其實這並不難，就讓我們逐一思考。

首先是前面提及過的資產分散，不把集中投入股票、債券、原物料等單項資產，而是將資金分散投資到各個資產上。比起只持有股票，同時持有股票與債券，甚至同步投資原物料時，分散投資的效果將會被放大。

第二點是地區、產業、股票的分散。雖然我們統稱為股票投資，但股票也是有很多種類，美股、國內股市、新興國家股市、先進國家股市、亞洲股市等，真的有很多種分類。不同地區、不同的國家，成果也會有所不同，因此把風險分散到各個地區和國家很重要。這種地區分散不僅適用於股票，債券也有分為先進國家債券、新興國家債券等，不同的國家或地區會給予不同的利率，也有不同的成果。產業分散則是不集中投資於 IT、生技、消費品、產業資源等特定產業，而是分散投資各種不同領域的股票。這當中必定會有熱門產業，不過也會

有被冷落的產業，但不管再熱門的產業也不可能永遠熱門。2011 年的時候汽車、化學、煉油產業大好，但是最近是科技或生技領域的表現相對良好，但是這種趨勢也不會是永遠的，在投資組合中納入更多樣的產業，就是產業分散。投資股票時，不單純持有單一個股，而是分散持有各種股票，就是所謂股票分散。即使同樣是投資股票和債券，在當中涵蓋更多元的股票和債券，就可以達到相當程度的分散效果。

第三點是貨幣的分散。我們普遍在投資的時候，都會考慮用韓圜（本國貨幣）投資股票或債券，根本沒考慮過用其他國家的貨幣進行投資。但是韓國在自身風險浮出水面時，以韓圜計價的所有資產都可能大幅震盪，如果從所有韓圜計價的資產上都找不到解答，我們就有必要放眼關注以其他國家貨幣計算的資產。最典型的案例就是我們前面所說的非常安全資產——美元，或在危機時刻總是比其他國家貨幣更強勢的日圓和瑞士法郎，都可以成為貨幣分散的對象。但是對於貨幣分散的概念多少有些陌生的一般投資人而言，投資日圓和瑞士法郎等貨幣不是件容易的事情，因此我推薦先試著在集中於韓圜的投資組合上納入美元。

可能會有些人詢問我，應該要如何將美元納入投資組合內，所以我在這部分上會稍作詳細一點的說明。首先，我們可以直接購買美元，也可以開設美元帳戶購買美元 ETF。購買美元的方法可以分為開設帳戶以及購買美元現鈔，但請記得購買現鈔可能會產生更多的手續費。如果只是單純以投資為目的的話，應該沒有必要支付更多的手續費買美元吧？當然我也遇過有人認為看到現金心情會很好，但這與其

說是投資觀點，不如說是個人喜好。

我們可以直接購買美元，但也可以購買以美元計價的資產。若購買美股 ETF，就等同是購買美金後投資 ETF，也就同時持有了美股 ETF 以及與該 ETF 等值的美元貨幣。我們不需要全部用美元購買，只需要在自己的總投資資產中，撥出想以美元填補的比重購買以美元計價的資產，就可以間接達到貨幣分散的效果。

最後是時間分散。到目前為止我所提出的資產、地區、股票以及貨幣分散，都是取決於某個瞬間將資產以哪一種形式分散會比較好。但是這些分散投資的結果總是瞬息萬變，景氣好的時候新興國家的股票表現良好，但在通膨之下原物料比較好，接著是在危機之下，美元總是比較活躍，跟著每個時期的不同，各個資產的貢獻度會持續產生變化。

根據在哪一個時間點投資，投資組合的成果也會有相當大的差異。透過資產、地區、股票、貨幣分散所建立的投資組合，也會因為在哪個時間點操作，而出現非常大的成果差異。那麼我們當然會想要找到最佳的投資時機，不管是哪一個投資人，都會希望在最低點買進，在最高點賣出，但因為我們不知道什麼時候是最低和最高點，所以要分散時間點進行投資。每個月、每季分批投資以多樣化資產組合而成的混合型投資組合，就是所謂的時間分散投資，比較熟悉一點的說法就是「累積型投資」和「分批買進」。

分散投資就像是「早睡早起」一樣，雖然這句話很正確，但卻會有種無趣的感覺，我個人也有同樣的感覺。儘管如此，我們之所以要

分散投資的最大原因，就是無法預測未來的走勢。如果我們可以預知未來，那麼何必選擇投資，買樂透不是更好嗎？就是因為我們無法預測未來，篤定集中投資的危險性相當高。雖然分散投資給人一種難以忍受的無趣感，但這也是之所以這麼多專家推薦分散投資的原因。我所提及的四大分散投資建議真的只是冰山一角，在學習投資理論的過程中，投資組合的組成占了相當長的時間，很多時候甚至會讓人感覺好像回到在高中讀數學的時期。雖然沒有必要鑽研分散投資到這個程度，但是至少也要了解集中投資的危險性，單純將資金分別投入股票和債券並不是分散投資的全部，也希望大家一定要記得，分散投資有很多種方法，其中的貨幣與時間分散投資都可以為我們帶來幫助。

「挺過大通膨時代」的篇章還沒結束。我先前有提到，在通膨之下經濟很可能朝無法預測的方向產生變化，因此在通膨之下集中投資於強勢資產是很危險的行為。作為集中投資的替代方案，我也對分散投資進行了解說。如果一切結束在這的話，應該會感覺很像只是讀了一本教科書吧？在最後一個章節中，雖然仍有不足，但我想要謹慎地傳達我所認為的未來展望。

第 12 章

當通膨成為新常態，
如何布局未來？

不知道大家還記不記得本書開頭的時候我曾提到，總體經濟是環繞著金融市場的環境，這個環境會對金融市場遭成相當大的影響。雖然總體經濟有許多變數，但其中我們最需要考慮的兩大變數就是——成長與物價。如果把成長分為兩大方向，就是低成長與高成長，而物價則是高物價與低物價，對吧？那麼如果將兩大成長與兩大物價的例子組合起來，就會產生四種環境，分別是「高成長、高物價」、「高成長、低物價」、「低成長、高物價」、「低成長、低物價」，在此我簡單說明這四大情境。

以成長和物價區分而成的四大經濟情境

在每一個情境中，都有在該環境下有利和不利的資產。讓我們舉個例吧？在物價上漲的環境中，債券就真的很弱勢。由此我們可以得出，當「低成長、高物價」、「高成長、高物價」等含有「高物價」的字彙出現時，債券投資就會陷入困境的結論。我們理所當然會開始尋找在物價上漲時受惠的資產，也就是原物料投資。沒錯，在「高物價」之下，可以說原物料投資較為有利。那如果把相同概念套用到

「低物價」上呢？在低物價出現的兩種環境（「低成長、低物價」、「高成長、低物價」）下，反而債券投資較為有利，而原物料投資較為不利。

現在讓我們把話題轉到股票之上。首先「高成長」這三個字的出現對股票而言絕對有利，因為成長強勢，投資者們可以共同分享成長的果實。有些企業看似未來將大幅成長，若借錢給這些企業的話就可以取得債券，但是債券投資人只能領取固定的利息，不管企業再怎麼成長，也只能領取借款當下定義好的利息和本金，無法獲得更多。然而該企業成長的話，股票投資人們可以根據股份領取配息。所以說高成長時期對股票投資較為有利，那麼低成長時期的話呢？沒錯，股票投資就較為不利。

我們在某個程度上已經拼湊起來了。「低成長、高物價」時期，股價處於弱勢債券處於強勢。但是還有一個必須考量到的地方，也就是中央銀行，最具代表性的就是美國聯準會的立場。聯準會之所以存在，就是為了讓成長最大化並穩定物價。如果物價較低的時候，通貨緊縮壓力就會增加，倘若成長過於緩慢，使經濟陷入低成長的泥沼中，聯準會就不能坐視不管，因此聯準會就會調降利率，透過量化寬鬆等方式釋放資金，然後藉由釋放出來的資金力量讓股價反彈，隨著利率愈來愈低，債券的價格就會水漲船高，而這些資金的力量也會為原物料市場奠定基礎。

在金融危機和新冠肺炎後，我們都見識過這樣的市場環境。以這種方式投放的資金會流入具有成長性的地方，因此資金就會集中到成

長股上。沒錯，在「低成長、低物價」的環境下，聯準會若投放資金，股票就會以成長股為中心，因利率下跌而受惠的債券也會因而發光。接著藉由資金的力量，也可以使原物料價格止跌，觸底後開始反彈。整理後就會得到下表：

	高成長	低成長
高物價	**2005年～2007年中國高成長** 股票　　　　GOOD 債券　　　　BAD 原物料、黃金　GOOD	**1970年代石油危機** 股票　　　　BAD 債券　　　　BAD 原物料、黃金　GOOD
低物價	**2017年全球景氣復甦** 股票　　　　GOOD 債券　　　　GOOD 原物料、黃金　BAD	**2020年～** 股票　　　　BAD 成長股 GOOD ← $ 債券　　　　GOOD 原物料、黃金 BAD 黃金 GOOD 聯準會的流動性供給

從圖表上可以看到，畫在在「低成長、低物價」環境旁邊的針頭就是聯準會，也就意味著聯準會的流動性供給。這個流動性可以讓股票從 BAD 轉換為以成長股為中心的 GOOD，原物料則是以黃金為中心形成 GOOD（黃金的部分我們後續會再提及）。除了「低成長、低物價」以外，我們也可以一目瞭然在「高成長、高物價」、「高成長、低物價」、「低成長、高物價」的環境下，會對股票、債券、原物料等哪個資產較為有利，又會對哪一個資產較為不利。

我們大致看完由成長和物價兩大總體經濟變數所造成的四大環境，以及各資產的趨勢。如果把通膨套入進去這些環境中，就可以從

兩個層面上確切感受到投資會比過去更加困難。第一是，通貨膨脹消失的時期中，我們只需要考慮兩種環境（高成長、低物價與低成長、低物價），但是通貨膨脹若再次重現，就必須要將四種環境都納入考量。第二點是隨著通貨膨脹重現，聯準會將難以像過去一樣，透過投放資金進行援助，也就是很難使用像上圖針頭一樣的振興政策。

不論通膨消失或出現，如果它能像雪人一般容易化解，那麼我們就沒必要過度煩惱通貨膨脹，而對投資人而言，也只需要考慮「高成長、低物價」與「低成長、低物價」，而我們也只需要盡可能降低原物料的投資，大幅提高債券投資的比重。你們知道嗎？2013年以後的原物料投資幾乎沒有嚐到甜頭，金融危機以後，債券投資甚至還被稱為「債券不敗」，可見債券投資表現良好。讓我們透過圖37確認這個現象。

股票市場在高成長、低物價的環境下表現非常耀眼，但是進入低成長期往往會發生問題，但是並不需要太擔心，當市場進入低成長期，對「低成長、低物價」感到警戒的聯準會，會立刻啟動資金投入，股票市場很快就會再次看見復甦的趨勢，只不過要記得，這場復甦會以成長股為中心。

在「高成長、低物價」中，成長股與價值股都會出現不錯的成績，在「低成長、低物價」中透過資金的力量，成長股的表現也不錯，成長股投資人理所當然在金融危機後，通貨膨脹消失的狀態下，獲得了很好的投資成果。讓我們看一下匯集大量成長股的那斯達克走勢圖（圖38）。

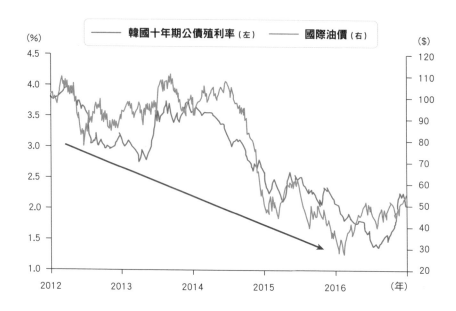

圖 37・韓國十年期公債與國際油價走勢（2012 年以後）

公債殖利率和國際油價都呈現下降趨勢。殖利率（藍線）從 4% 左右下跌至 1.5%，殖利率下降就表示債券價格上漲，可以説是債券投資的鼎盛時期。反之國際油價的從每桶 110 美元左右下跌至 20 美元～ 30 美元左右，可以説是原物料投資最艱難的時期。

在物價上漲期中投資的方法

　　此時好久不見的朋友出場了，就是通貨膨脹本人。隨著這位友人的登場，計算方式變複雜了。因為「高成長、高物價」和「低成長、高物價」的可能性都一併出現了。在低物價中總是保持著幸福微笑曲

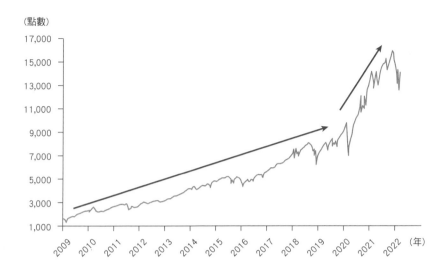

圖 38 · 那斯達克指數走勢（2009 年以後）

這張圖所呈現的是金融危機以後那斯達克指數的走勢，無需任何冗言，非常貼合「長期走揚」這句話。停滯在 1,000 點～ 2,000 點的那斯達克指數持續走揚，新冠肺炎後角度又更進一步上揚。

線的債券，現在真的是死路一條。物價上升的關係，債券的人氣大幅下跌，債券價格也隨之走跌。股票市場也面臨著舉步維艱的情況，特別是「低成長、高物價」時期。沒錯，在這之前我們只需要考慮兩種環境制定投資策略，但是現在制定投資策略的時候，必須同時考量四種環境，而且還要考慮到好一段時間維持不敗傳說的債券也可能轉弱。該說這就像考試的時候原本只要解是非題，卻突然變成要解有四種選項的選擇題嗎？沒錯，投資的難易度大幅上漲了。

但這也已經不是單純的選擇題了。現在我們還要考量到，即使股票市場因低成長陷入困境，也很難再使出聯準會這張強大後援卡牌了。對聯準會而言成長固然重要，但穩定物價也很重要。在高物價的情況下，真的很難再像過去一樣隨便投放資金，那麼可以說是聯準會這張卡很難再拿出來使用了吧？硬要比喻的話，大概是四選一的選擇題變成五選一，而且第五個選項也許還是「以上皆非」。

　　如此一來，市場所感受到的壓力肯定也不小。隨著數十年來已經從腦海裡被移除的通貨膨脹以不速之客的身分登場，新的環境就此成形，我們也必須考量新環境對這段時間以來從未考量過的資產類別是否有利，聯準會的援助也變得更加困難，這難道不會讓大家過度感到驚慌嗎？沒錯，當我們開始意識到這場通貨膨脹並非「暫時性」的時候，全球資產市場開始出現相當劇烈且快速的變化。讓我們根據前面所提及的四大總體經濟環境，一起探究新冠肺炎爆發的 2020 年 3 月後，全球資產市場發生了什麼樣的變化。讓我們先看一張圖表（圖 39）。

　　這張圖看起來也許有點複雜，但仔細看的話就會發現它很簡單。線圖上的藍線是美國 S&P500 指數，紅線是美國十年期公債殖利率。（1）號區間是市場受到新冠肺炎首當其衝的時期。由於擔心「低成長、低物價」會對全球造成衝擊，股票市場大幅崩跌，隨著通貨緊縮的壓力增大，資金開始流入在通貨緊縮時較為強勢的美國公債。從（1）號位置上可以看到，股票與公債殖利率同步大幅下跌，也就是公債價格飆漲。

　　隨著無法對這種情況坐視不管的聯準會開始進行「無限量化寬

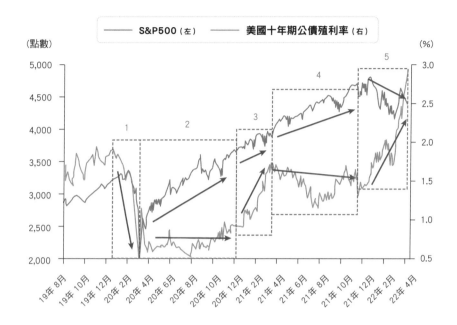

圖 39・新冠肺炎發生前後的 S&P500 指數與美國十年期公債殖利率

鬆」，整體局勢進入了（2）號區間。透過這些資金的力量，股價大幅
上漲，這些投入的資金開始流入成長股，同樣也流進了債券市場。隨
著流動性供給增加，象徵金錢價值的利率也保持在史上最低的位置，
形成以成長股為中心的股票市場處於強勢且債券也處於強勢的情況。
在「低成長、低物價」的局面下，這可以說是因為聯準會為市場打了
一劑流動性的針所形成的現象。

接著我們進入（3）號區間。2020 年底，川普政權在交替之前，
追加執行了 9,000 億美元的振興方案，拜登政府一就任，又果斷執行

了 1.9 兆美元的追加振興方案。注入大量資金後，美國人民的消費大幅增加，由於美國經濟的成長轉強，接著因需求暴增，物價也隨之大幅增長。通貨膨脹的情境早在這個時候已成為現實，成長強勁的同時，物價也非常高，也就是所謂的「高成長、高物價」。股價大幅增長，形成以價值股主導上漲趨勢的藍圖。隨著債券殖利率飆漲，債券投資人們面臨非常艱鉅的情況。

接著局面進入（4）號區間。物價在高空盤旋，但美國十年期公債殖利率卻轉跌。當時消費者物價指數已經超過聯準會每年 2% 的目標指數，但即便如此，金融市場卻沒有出現過於敏感的反應。為什麼會這樣？沒錯，就是認為高物價只是暫時情況的信念發揮了作用，同時間我們還認為成長很強勁，物價即使不是當下也會在不久之後就穩定下來。不管是股價或債券的價格，都反映著未來的變化。受到這樣的影響，使（3）號區間因感受到初期通膨而飆漲的債券殖利率，又再次下跌。沒錯，基於成長強勁、物價將會回穩的信念，營造出會出現在「高成長、低物價」情境中的典型趨勢。

但是這種安全感無法維持太久，從人們意識到現在的通膨不會只是暫時現象以後，債券殖利率開始一飛沖天，隨著上漲的物價和利率可能會造成成長萎縮的恐懼被反映出來，市場開始呈現出「低成長、高物價」的情境。由於美國經濟藉由這段時間所注入的資金力量維持著強勁的成長趨勢，雖然很難確定市場是否會處在「低成長、高物價」中，但 2021 年非常強勁的漲勢有所減弱，看來已經是不爭的事實。因此股票市場以成長股為中心開始受到盤整，債券殖利率大幅上

漲的同時，債券投資人的虧損就像雪球般越滾越大，然而原物料投資人的笑顏卻逐漸開朗。從 2022 年第一季看來，股票與債券投資者的虧損相當之大，然而原油、穀物、各種原物料，以及資源豐富的巴西股票卻有著相當好的表現。這可以說是「低成長、高物價」局面下可見的典型趨勢。

我記得很多人都是在新冠肺炎爆發，從 2020 年 4 月後開始對股票投資感興趣。從總體經濟環境的角度看來，過去兩年多來的走勢是非常快速的變化期。但是高成長的延續，即便有暫時性的通膨壓力，認為這只是「暫時性」的聯準會與市場的信念掩蓋了這項壓力，所以股票市場才能表現得如此強勢。也因此儘管變化如此快速，投資人也沒有感到投資難易度較高。但是現在對於通膨的擔心儼然成為現實，利率也大幅上漲，聯準會的立場一百八十度大轉變。由於不安感逐漸擴大，加上對通貨膨脹並不熟悉的市場，很可能會進一步加快總體經濟環境的變化。假設環境的變化快速得令人頭暈目眩，那麼我們應該採取什麼樣的策略呢？先假設某一個特定情況，如果在該情況下我們使用囤積幾種強勢資產的方法，結果很可能會狼狽不堪。以投資股票和債券來說，2022 年第一季股票和債券就雙雙寫下負成果。

最近備受注目的投資策略之一，就是投資在通膨下較強勢的資產，原物料投資就是代表性的案例。儘管物價上漲，但是美國大型成長股因為具有相當龐大的市場占有率，因此可以將原物料價格等因素所引發的生產費用增加轉嫁給消費者，所以依然非常受到關注。好一段時間萎靡不振的原物料價格最近大幅上漲，加上美國大型成長股近

期雖然略呈現出低迷的趨勢，但是與其他資產群相較之下仍具有強勁的防禦力，因此備受市場關注。由於關注擴大，再加上股票與債券等大部分資產都呈現出低迷的趨勢，因此集中投資在表現相對良好的原物料和美國大型股的現象也很強烈。

但如同前述所敘，總體經濟環境變化非常快速，同時也提到了現在強勁的通貨膨脹也不會永遠不變。如果情勢快速出現變化，把重點放在通貨膨脹的投資也很可能會因而淪陷。不管在任何情況下，最好都要對集中投資保持戒心。我們前面也曾點出，過去有很多投資人因為認為特定產業、地區或風格具有前景而集中投資，結果因為爆沫化崩潰陷入了長期投資成果不振的案例。

從四大總體經濟狀況，搶先布局未來

今後的展望，我們必須掌握現在的我們位在哪裡。判斷我們處在前面所說的四大總體經濟狀況的哪個位置，並思考日後會往哪個方向前進。

現在的我們，處於「高成長、高物價」、「低成長、高物價」、「高成長、低物價」、「低成長、低物價」的哪一個環境？在這裡我們可以先把含有「低物價」這個詞彙的兩種環境排除，那麼重點就在於我們現在是處於高物價中的高成長還是低成長。從下列幾個報導中就能感受得到目前很難套用「低成長」這個詞彙來定義。

> — 美國房市「活躍」⋯⋯租金持續上漲　—《Choice 經濟》，2022.0.12
>
> — 美國失業率 3.6％接近「新冠爆發之前」⋯⋯聯準會是否能邁出
>
> 「一大步」　　　　　　　　　　　　—《聯合新聞》，2022.4.1
>
> — 美國失業津貼申請僅 18.5 萬件⋯⋯低於新冠爆發前
>
> 　　　　　　　　　　　　　　　　—《聯合新聞》，2022.4.14

很多人可能會想到 1970 年代的「低成長、高物價」，當時的美國經濟成長率也寫下負成長的記錄。然而現在美國的成長率是每年 3％，雖然每個人判斷不太一樣，但一般而言，美國經濟如果保持每年 2.5％左右的成長趨勢，就可以看作是美國經濟正在穩定成長，以現在每年 3％的成長率來說，就很難將這種情況評估為低成長。在全球經濟當中美國具有壓倒性的地位，因此都會先討論美國的經濟成長率。

而韓國的經濟表現也如同美國，今年約成長 2.5％～ 3％。我們並無法因為每年 3％左右是優秀成績，就將 2.5％分類為是令人失望的低成長。那麼現在的狀況是高成長嗎？說起來又不太一樣。雖然有點模糊，但是我認為更適合的說法是，物價方面處於「高物價」，而成長方面則介於「高成長與低成長之間」。如果以四個象限來判斷的話，大略是以下這個位置。

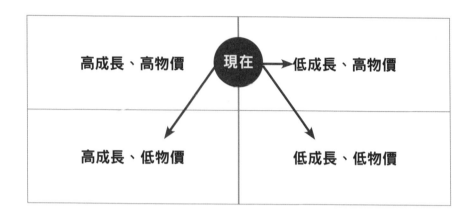

考慮到目前我們處在「高成長、高物價」與「低成長、高物價」之間的某個位置，在這種情況下，我們只要配置有利的資產就行了。首先，要先避免在高物價狀態下較為弱勢的債券，把在通貨膨脹時較為強勢的原物料放入投資組合之中，股票組合則是以價值股為中心，或者是提高通貨膨脹中較為強勢的美國大型股占比。

讓我們來思考一下這個問題。假設我們要投資特定企業的股票，那麼我們應該看現況投資，還是應該要看未來的發展進行投資才是對的？正確解答當然是看該企業未來會如何發展再進行投資。買房子的時候也很類似。假設投資鬼才洪吉童買了一間單身公寓，但是我無法理解他為什麼要買那間大樓，近一步了解之後才知道，那間大樓前面將開通五條地鐵線。那麼我當然馬上可以了解他為什麼買這間大樓，也會開始思考我要不要也買一間。那麼是單身公寓這項現有資訊比較重要，還是會有五條地鐵線通過的未來資訊比較重要？

有些東西是現在有好有壞，有些則是未來會變好或變壞。現在的

好壞固然重要，但是未來會變好或變壞更重要。現在的好壞早已經反映在現在的價格上了，但是會變好或變外的資訊還沒有反映在價格上。我想大家應該都很常聽到所謂的「提前反映」，也就是提前反映出會變好還是變壞的意思。由於未來難以被準確預測，所以提前反應是以現階段的情況進行判斷，如果很可能朝某個方向發展，就會反映在價格之上的意思。我們可以把投資目標分為下列四種情況。

（1）現在表現良好，未來也會轉好的資產
（2）現在雖然表現良好，但日後會轉壞的資產
（3）現在表現不怎麼樣，但是日後看來會轉好的資產
（4）現在表現不怎麼樣，日後看來也不會有太大改變的資產

各位會想投資哪一種資產呢？首先過濾掉（4），當然會在（1）和（3）中間作選擇吧？（1）因為現價很好，股價雖然處於高點，但是日後會變得更好，就像是搭上一匹奔跑的馬兒。而（3）則是目前被低估，日後可能會帶來相當可觀的利差。但這裡的重點是，為什麼我們沒有選擇（2）。沒錯，雖然目前表現良好，但是日後這個積極面可能會被稀釋，所以不能投資。投資看的不是現在，而是未來。

現在處於「高成長、高物價」還是「低成長、高物價」固然重要，但我之所以說了這麼多，就是想告訴各位，更重要地方在於今後是否會持續停留在這個局面，還是會轉換成其他局面。沒錯，因為世界在變。前面我曾提過，高物價的情況經過一段時間會獲得緩解，但

是我們無從得知要花多少時間，所以在高物價的情況過去之前，生存的策略很重要。為了生存下去，我們當然需要關注在當下高物價的情況中強勢的資產，但也要考慮今後的變化。前面集中投資的案例中已經仔細說明了，假如現在的狀況是永恆的，那麼集中投資在高物價中的強勢資產可能會被合理化，但假如情況發生變化，又無法擺脫這種過度傾斜時，就很可能遭受強烈的衝擊。

高物價會持續下去嗎？

美國的成長主要源於強勁的消費力，由於工作機會豐富，這種強勁的消費力很可能會繼續延續下去。不過若環境變化快速出現的話，情況就可能有所不同了，因為美國消費之所以強勁的主要原因在於行政部門強勁的財政振興政策，而且聯準會在調降利率的同時提升了流動性供給，這些資金流入資產市場，將資產的價格向上推高。新冠肺炎爆發後，美國股票市場的強勢簡直令人為之一驚。美國不僅可以領取補助並以低利率進行貸款，資產價格還大幅上漲，此外由於國際油價負成長等因素，物價維持在較低的水平，可以說是消費爆發的最佳環境。

但是現在的狀況已經大幅改變。財政振興政策已來到最後階段，聯準會不再追加投放資金，反而是透過強勁的緊縮來控制通貨膨脹。資產市場不再像 2020 年～ 2021 年一樣「盲目反彈」，也不再有補助。利率變高之際，資產價格也停滯不前。在這種情況下，包含國際油價

在內，整體生活物價正在大幅上漲。雖然不是立刻，但再過一陣子美國強勁的消費也很可能停滯不前，也就是說目前強勁的物價上漲趨勢也會發生變化。

現在金融市場的參與者，正關注在聯準會是否能以「不大幅殃及成長的方式控制住物價」。我們先假設未來通貨膨脹將得以受到控制，那麼重點就在於成長方面了。假如成長沒有受到波及，在維持高成長的同時通貨膨脹受到控制，就會形成高成長、低物價的環境。但倘若成長受到衝擊，就會陷入低成長、低物價的環境。

到目前為止我來做個總結。我拋出了「我們現在在哪裡？」的問題，答案是好似位於「高成長、高物價」與「低成長、高物價」之間的某個地方。接著又提出「是不是應該根據這個狀況作出合適的投資？」的疑問，而答案是現在觀望目前的高物價很重要，但是我們還是需要視日後通膨控制的情況進行投資。我認為雖然需要耗費一些時間，但之後會轉換為「低成長、低物價」或「高成長、低物價」的情況。我本身就是個樂觀主義者，所以當然是認為日後會朝這樣變化。那麼讓我們一起思考一下，考慮到這些環境變化的時候，應該要如何進行投資吧。

未來情境1：高物價→轉變為「低成長、低物價」

首先是最壞的情況。如果聯準會在通膨上對應失敗，導致我們處於「低成長、低物價」的話，會發生什麼事呢？如同前面我們看到的

四個象限一樣，在「低成長、低物價」中股票的表現不太好，但是債券會因為物價下跌而歡聲雷動，然而原物料則會走上一條苦行之路。那我們可以不需要擔心這個情況嗎？反正「低成長、低物價」中聯準會總是會出面，再度利用資金的力量，為以成長股為首的股票和債券畫出一條超強走勢。不過，即使這次我們處於「低成長、物價」的情況中，聯準會的應對方式也會跟新冠肺炎衝擊時截然不同。

　　回想新冠肺炎事件，聯準會擔心的重點在於通貨緊縮。聯準會除了 2011 年短暫出現的暫時性通膨以外，不曾遇過真正的通貨膨脹。聯準會在十幾年來都在擔心通貨緊縮的狀態下受到了新冠肺炎的衝擊，隨著消費消失與原物料價格崩盤，巨大的通貨緊縮風波來襲，因而使用了史無前例的經濟振興政策。由於聯準會處在十幾年來的通貨緊縮恐慌之中，因新冠肺炎而起的「低成長、低物價」登門，所以採取了積極的應對措施。但是現在的情況就有所不同了。時隔 40 年才出現的高物價，因為聯準會使用強勢的緊縮政策，勉強抑制了高物價的氣勢。注入資金是造成高物價的核心原因，在這種情況下聯準會很難再度積極重啟資金注入，這麼做不僅會在聯準會內部掀起爭議，輿論也會強烈指責聯準會的應對政策，指責聯準會才剛擺脫通膨不久，又要再度向市場注入資金。沒錯，聯準會在控制物價的過程中，如果會對成長造成衝擊，會讓環境處於低成長、低物價的局面，那麼我們要考慮的就不只有經濟的成長，還要將金融市場受到的衝擊也一起納入考量。當然，我只是提出事情有可能會朝這樣發展，在這種情況下，我們就必須擺脫過去那種只要想到聯準會就不用擔心的安逸，也

許這聽起來令人有些憂鬱，但我先提出的是最壞的情境。

假如現在這種模稜兩可的高物價局面轉變回「低成長、低物價」的話，怎麼做才是最有效率的應對方式？這裡我們需要的是安全資產。我們需要在某個程度上，將其他資產動搖時還能屹立不搖的安全資產納入自己的投資組合。美元就是具代表性的安全資產，雖然黃金的性質有點不同，但也可以考慮作為投資標的。黃金與其說是安全資產，更應該說它是美國成長放緩和美國利率停止上調時，表現相對強勢的資產。我認為在低成長的局面下，倘若聯準會無法注入資金，也不能進一步緊縮，黃金就會成為有效的投資對策。此外，由於是「低成長、低物價」，市場對債券特別是身為安全資產的公債，偏好程度會提升。在這個最壞的情況下，美金、黃金、公債等可以成為投資的對策。

為了控制通膨，美國才剛開始調漲利率，很難說服大家投資在利率調漲時較弱勢的黃金，受到利率調上正面攻擊的債券也一樣，從現在的狀況看來，都不是合適的投資標的。但如果考慮日後物價會受到控制的話，投資魅力可能就會提升。現在馬上以較低的比重將黃金或債券納入整體投資組合中，以時間分散的角度出發，用積累的方式慢慢買進，等到「低成長、低物價」的變化徵兆愈來愈鮮明時，再將比重進一步提升的策略會比較合適。

讀到這裡，各位的腦海裡應該出現反駁的聲音吧，應該在想著「與其現在就投資黃金或債券，等物價下跌趨於穩定時再轉換標的不就行了嗎？」。這句話雖然沒錯，但實際投資的時候，就算只是小額

持有特定資產，跟沒有持有的差異非常大。如果自己的投資組合裡就算小額但還是持有黃金等資產的話，就會持續監控金價的走勢。所以當黃金的價格隨著環境變化轉強時，也更能快速察覺。然而如果沒有持有這些資產，因為關注度會下降，所以無法敏銳的察覺變化。為了快速做出應對，建議各位稍微持有黃金這類的資產。總結來說，就是建議各位將「低成長、低物價」中有利的投資組合，稍微反映在適合高物價環境的投資組合中，倘若變化速度加快，就可以快速改變配比，重整投資組合。

未來情境 2：高物價→轉變為「高成長、低物價」

前面我先說明了最不想談論的最壞情況，現在讓我們來談論我個人的希望的「高成長、低物價」環境變化。

在「高成長、低物價」環境下，股票與債券等資產可能出現強勁的復甦趨勢，並且原物料的價格會從目前的高檔上多少有所下跌，呈現出穩定的趨勢。除了原物料以外，股票和債券分散投資的效果會相當良好。假設在這個情況下，我認為與其集中投資在通貨膨脹下強勢的資產，不如以累進的方式低價買進其他資產，同時思考中長期觀點會比較好。

你們也許會想「股票表現良好的話，美國大型成長股也會大舉受惠吧？」但是我們必須考慮到，假如聯準會物價狩獵作戰成功，通膨消失只剩下成長，形成了「高成長、低物價」的環境，那麼在通膨環

境下被排除在外的資產就會出現快速的資金周轉。就好比在新冠肺炎的環境下，我們認為只有成長股才是唯一解答，資金因而過度集中在成長股上，但隨著我們從新冠肺炎中脫身而出，市場對經濟回歸正常的期待擴大，集中在成長股身上的資金就會流向這段時間以來被冷落的價值股身上。

轉變為「高成長、低物價」的過程中，基於對市場可以熬過通貨膨脹的期待，匯集在美國大型成長股上的資金將會開始尋找其他的對策。如此一來，美國大型成長股的成績與其他股較相比多少會有些不振。這並不是說美國大型成長股不好，而是指在特定情況下資金過度集中時，如果情況發生變化，隨著側重的狀態消失，就可能會面臨到相對低迷的情況。

轉變成「高成長、低物價」環境的情境下，對大多數資產而言是有利的，因此在投資組合的結構上，煩惱會比「低成長、低物價」的環境還要來得少。所以比起投資組合的結構，更多人會半信半疑，不確定這樣的情境是否有可能實現，會認為「是不是過度天真浪漫？」我擔心的地方雖然也很多，但我依然認為有可能。2015～2017 年的回憶可以應證這個可能性。當時雖然對「低成長、低物價」固化非常擔憂，但是卻出現了「高成長、低物價」的轉換。2015 年～2016 年萎靡不振的全球金融市場，在 2017 年華麗復甦。讓我們透過當時的走勢，思考一下現階段的解決方案吧。

「高成長、低物價」是否能實現？

全球金融危機後，全世界都陷入掙扎之中，但是 2014 年左右美國經濟出現快速恢復的趨勢，幾乎從金融危機的衝擊中脫穎而出，做足準備保持最獨步全球的成長。2015 年美國經處出現明顯回升的信號，聯準會準備上調利率，並實際在 2015 年 12 月調漲了利率。問題在於新興國家仍未跟上腳步，只有美國一枝獨秀出現強勢成長，並因而調高利率。當時新興國家還處在為了振興經濟必須調降利率的狀態，由於美國調漲利率，真的使新興國家陷入了四面楚歌的情況。錢會流向成長較強勁且利率更高的地方，倘若美國的成長相較新興國家更為強勢，並且只有美國獨自調漲利率，資金就會流向不管在成長、利率方面都更能帶來獲利的美國。

若資金離開新興國家轉移至美國，對於原本就處在成長停滯期的新興國家而言，連賦予實物經濟力量的流動性也會隨之消失，真的是茫然若失。當時包含東南亞與中南美的大部分新興國家都處在非常艱難的狀態，這些國家的貨幣價值大幅下跌，美元則是獨領風騷維持強勢。美國聯準會為了冷卻美國經濟過熱的情況，在 2015 年 12 月調漲利率，在 2016 年就預告了將持續調漲四次利率。

這對新興國家而言就等同於晴天霹靂的消息吧？而且這些新興國家中也包含了中國。當時中國延續 2000 年代的高速成長，債務大幅增加，承受著佶大的債務壓力，在這個情況下，美國強勢預告調漲利率，使中國經濟也陷入總體困境。雖然日本有安倍經濟學，但也不見

復甦的跡象，歐洲也依然無法擺脫 2010 年後開始延燒的歐洲財政危機衝擊。美國強勢成長，是唯一牽引全球整體經濟的成長引擎。但隨著這個成長引擎調漲利率，決定開始調整速度，這台被稱為世界經濟的飛機便開始搖搖欲墜。

美國調漲利率的預告，對新興國家造成相當大的衝擊。隨著新興國家貨幣崩盤，美元表現非常強勢，美國的進口物價快速下跌。美元的強勢引發進口物價下跌，使美國通貨膨脹的壓力迅速消失，並開始有人認為這反而可能使美國陷入通貨緊縮的深淵之中。沒錯，美國以外的國家所受到的衝擊，又透過美元強勢這個渠道，再次反向對美國造成衝擊。在美國是全球唯一成長引擎的狀態下，若連美國的成長也放緩，全球就沒有任何地方能夠創造成長了。市場也反映了這個總體困境，2016 年 1 月～ 2 月全球金融市場開始出現相當大幅度的蕭條。

但是在 2016 年 2 月中旬，當全球陷入「低成長、低物價」的困境且難以脫身的悲觀論達到最極致的時候，趨勢開始出現變化。聯準會率先開始改變。聯準會開始強調，美國經濟成長雖然穩固，但是考量到歐洲、中國、新興國家成長薄弱，應該放緩利率調漲的速度，因此大幅推遲 2016 年所預告的四次升息速度。實際上一直到 2016 年 12 月，聯準會才得以進行 2015 年 12 月以後的第二次升息。聯準會放緩升息速度，使新興國家得以喘息。在自己國家經濟放緩的情況下，先前受到美國升息壓力無法使用降息等景氣振興政策，但是隨著美國推遲升息，以景氣振興的角度來說就得以快速降息。中國在 2016 年 2 月底降低存款準備金比率，開始進行貨幣緩衝，而當時處境最為艱難

的巴西也果斷快速調降利率。韓國也追加下調利率，當時韓國將標準利率調至史上最低的 1.25％。

美國在自家經濟處於一定程度上過熱的情況下，仍然放緩升息速度，為其他新興國家爭取成長的時間。當時產油國家們也在國際油價下跌的情況下，展開增產競爭，但由於產油國擔心國際油價下跌可能引發全體產油國的危機，便開始攜手減產，也就是所謂的「減產合作」。此外新興國家們透過積極調降利率等經濟刺激方案，加快了成長的步伐。我認為「合作」這個詞非常重要，方才我們所看到的，產油國透過「減產合作」，才得以讓當時反覆下跌的國際油價觸底反彈。在美國推遲升息速度與新興國家加速成長政策的合作之下，新興國家的成長也才得以觸底反彈。隨著新興國家成長轉強，資金聚集至新興國家，也使得新興國家的貨幣轉強，美元成功快速轉弱。對美國而言，美元轉弱引發進口物價上升，同時也幫助了美國成功擺脫通貨緊縮。

後來物價進入穩定期，不分先進國與新興國家，整體出現明顯成長趨勢，2017 年全球股票市場出現漂亮的股價上漲。當時卡在 1,950 點～ 2,150 點無法脫身被戲稱為是「箱內指數」的韓國綜合股價指數，終於在 2017 年 4 月成功擺脫先前受困的箱型，2017 年底上漲至 2,600 點，為韓國綜合股價指數的歷史寫下新的篇章。2016 年的「低成長、低物價」華麗轉身成為 2017 年的「高成長、低物價」，就是在這種國際合作下才得以完成。

國際合作讓一切成為可能

在現階段經濟困難的狀態下，國際合作可以成為重要的解決方法。現在的供應鏈崩潰，很大程度上也是因為美國與中國之間的貿易和技術紛爭。供給層面的物價上漲，也對美國與中國之間的貿易關係造成了一定程度的影響。烏俄戰爭也是被解釋為國際合作分裂中所出現的代表性供應鏈干擾。有專家認為，這場戰爭代表 1990 年代後不斷持續的全球化實際上已經劃下句點。

雖然全球化沒辦法回復到像過往一樣，但是我認為在目前的狀況下還是可以逐步改善。這種改善不僅可以為全球成長帶來正面的影響，也可以起到降低物價的作用。聯準會為了穩定物價而升息，升息雖然可以控制物價，但同時也會對成長帶來負面的影響。但國際合作與此相反，雖然政策上有一定程度的差異，但是具有刺激成長且穩定物價的效果。

舉例來說，假如伊朗核協議達成共識的消息傳出會發生什麼事呢？ 2012 年因為開發核武器等問題，伊朗受到 G7 強力的制裁，使伊朗經濟陷入困境之中。伊朗是排名世界第三大的原油與天然氣產國，隨著伊朗被捲入制裁風波，國際原油與天然氣的供應減少，當時因為伊朗的原油供應減少，2012 年～ 2014 年全球經濟持續低成長，但國際油價卻來到每桶 100 美元左右的高價。但是 2015 年對伊朗的制裁解除後，伊朗產原油與天然氣供應鏈重新開始供應，能源供給再度恢復正常。伊朗開放的同時，全球原油供應大幅增加，使國際油價從

2014 年下半年開始迅速下跌，2016 年 2 月曾跌至每桶 26 美元。

　　川普政府執政後，隨著對伊朗的限制再度轉強，伊朗的原油與天然氣供應又再度受到制裁。但是拜登政府登台後，各界對解除伊朗制裁產生期待。由於烏俄戰爭使全球能源供應面臨巨大難題，以心急如焚的美國為中心，與伊朗之間的核協議正在加速。讓我們簡單引用一個新聞標題吧。

> ── 伊朗最高領袖「核協議重啟談判已進入最後階段……一切正在順利進行中。」
> ──《聯合新聞》2022.4.13

　　如果達成協議的話，有望一定程度幫助原油價格趨於穩定。貿易增加同時也會幫助成長。可以說是為成長帶來助益的同時，又能穩定物價的案例。

　　我們也可以用這種形式的合作思考美中關係的緩解。假設 A 國與 B 國都在進行貿易，A 國與 B 國都製造了在各國具有生產競爭力的物品，然後出口至其他國家。假設 A 製作了性價比很高的手機出口至 B 國，以 B 國人民的立場來說，因為這是以低廉價格進口的優質手機，所以會產生更多需求。反之 B 國製造了性價比非常高的筆電，然後將其出口到 A 國。A 國人民可以用便宜的價格買到好的筆電，相對筆電的需求就會增加。雙方透過交易性價比較高的產品，在銷售的同時確保有更多消費者。此外，隨著需求增加，生產也會增加，如此一來對

各國的成長也會帶來正面的影響，可以用更好的價格出口，同時物價上升的壓力也不高。

但是讓我們思考看看，當這兩個國家的關係急劇惡化，彼此無法貿易的情況，或者是就算維持貿易，但也要向對手國的進口產品收取相當高額的關稅。如此一來進口國的產品價格就會因為被課稅而上漲，性價比蕩然無存，也就沒必要購買對方國家較貴的商品，那麼雙方之間的貿易就會萎縮，隨著對產品的需求減少，成長也會放緩。此外，性價比下跌也為物價上漲埋下端倪。美中貿易與技術紛爭會隨著全球供應鏈崩潰，提高了稅負所導致的直接性物價上漲壓力。所以在貿易紛爭白熱化的時期，許多經濟專家們認為美國消費者是最大的受害者。

假如兩國之間的關稅有所放寬的話情況會是如何？沒錯，貿易會增加。中國製的進口產品價格會隨著關稅調降，消費者就可以以更低的價格買到進口產品。貿易增加帶動生產增加，對兩國的成長皆可帶來助益。關稅降低使產品價格壓力減少，也多少可以緩解通膨的壓力，可以說是非常具代表性的解決非案。

不過從美中之間深刻的矛盾看來，大家可能會感覺上述所說的邏輯相當貧乏，只是天真浪漫的樂觀理論。但是國際合作在彼此關係不佳的情況下也能進行，兩個關係不好的國家為了生存也還是會攜手合作。2016 年美國為了歐洲和中國的成長展開國際合作，以及身為產油國的沙烏地阿拉伯和俄羅斯突然達成協議進行減產合作，都是代表性的案例。他們不是出於喜歡所以合作，而是在舉步維艱的情況下，為

了尋找突破口所以必須合作。

從 2021 年底美國通膨壓力大幅升高開始，美國財政部長葉倫就不斷強調，對中國調降關稅是突破通膨局面的解決方案之一，不過當時多數聲音都認為這麼做的可能性不大。後來因烏俄戰爭導致國際油價大幅上漲，在 2022 年 3 月 24 日傳來這則消息。

一 美國，控制物價安撫中國……取消 352 項中國產品關稅

喬・拜登美國政府，再度對中國製電子、消費品、水產品等 352 項產品實施關稅豁免政策。目的在於讓在美國難以採買或替代的特定商品，可以在沒有關稅的壓力下從中國進口，以穩定美國國內物價。這也是在美中必須共存的環境下，試圖管理貿易紛爭的一種對華緩和政策。

美國貿易代表署（USTR）於當地時間 23 日宣布實施「交易互聯互通機制」（TTEP），美國將對川普執政時期，在 2020 年底為止享有關稅豁免優惠的 549 項中國製產品中的 352 項產品重啟關稅豁免。享有關稅豁免品項包含腳踏車零件、電動馬達、機械、化學物、水產品等。

一《每日經濟》2022.3.24

我認為這篇報導的第一段是重點，它提到這是在美中必須合作的

環境下，為了相互生存而實施的政策。雖然不容易也不甘心，但是因通膨導致國民支持率大幅下滑的美國拜登政府，把合作視為是平息通貨膨脹的籌碼之一，並且對部分產品實施關稅豁免，而這項行動仍在繼續。讓我們再引用其他的新聞標題。

—白宮顧問：「為降低通膨應放寬對中關稅」

—《News1》，2022.4.22

—美國暗示調降中國部分產品關稅，「希望中國一起跟進」

—《NewsPim》，2022.4.22

沒錯，白宮方面也在考慮進一步放寬對中關稅。與其說這是為了改善對中關係，更正確的說法應該是為了降低通膨壓力的苦肉計。雖然很難預期效果如何，但是對於必須冒險只透過升息，必須在不刺激成長的同時控制物價的聯準會而言，無疑是一大幫助。從合作可以發揮正面作用的這點來看，我們必須要密切注意「國際合作」展開的情況。

此外，OPEC＋產油國的增產或烏俄戰爭的結束，也可以從國際合作重啟的角度上進行解釋。特別是烏俄戰爭若長期化，不僅在能源方面，連全球糧食危機也會加劇。食糧危機深化會對食物進口仰賴度較高的弱勢新興國家造成相當大的打擊。從會導致通膨更加難以預測，以及對成長帶來更大幅度的衝擊上來看，戰爭必須盡快結束。

如果可以透過國際合作，一定程度上解決包括能源供應在內的供應鏈問題，並稍微緩解高漲的通貨膨脹，聯準會也就可以多少放緩包括升息在內的緊縮速度。倘若美國升息速度放緩，美國以外的國家就可以爭取更多成長的時間，有點類似於 2016 年聯準會的感覺。雖然美國成長強勁且物價上漲的壓力令人擔憂，但就像當時考慮到歐洲與中國成長放緩而推遲升息一樣，如此一來美國以外的國家也能同時啟動成長引擎。名為全球經濟的這架飛機不會再是由美國經濟這顆單一引擎來推動，而是會由美國與其他國家成長這兩顆引擎同時推動。這就是從目前的狀態邁向「高成長、低物價」的故事。

　　也許有人會反駁這根本就是一則小說般的故事。雖然現在的我們看不見未來，但是我們目睹了過去歷史的發展過程，所以我才試圖謹慎地為這種樂觀展望賦予更多的力量，同時也讓大家回想我們在同歸於盡的恐懼面前，一起共同尋找共存方案的過往。

市場在走，靈活要有！
四大分散幫你度過各種動盪

・・・

　　讓我們來做個總結吧。本書中詳細講述了「通貨膨脹是什麼」、「為什麼現在的通貨膨脹正在形成問題」，也說明了長時間以來被關在神燈裡的通膨精靈究竟是如何從神燈中逃脫的。由於通膨已經很長一段時間沒有出現，所以新冠肺炎疫情後，我們採用毫無畏懼的經濟振興政策加以應對，這個舉動使需求爆發，而我們無法跟上這樣的需求，造成整體供應鏈的紊亂。接著我們又做出致命性的誤判，認為由此而起的通貨膨脹只是暫時現象，沒有在初期抑制，使通膨蛻變成如此強大的怪物。

　　我認為現在的通膨不會像 1970 年代一樣，成為十年以上的長期頑疾。雖然有點太晚，不過我們已經開始收緊觸發通貨膨脹的經濟振興政策，最重要的是原本還在袖手旁觀的重量級通膨守門人——聯準會已經在快馬加鞭做出行動。我於 2022 年 1 月開始撰寫此書，此時聯準會也預計將會進行三至四次左右的升息（0.75%～1.0%）。但是看來

物價上升的趨勢並無法輕易下降，就在我完成本書的 2022 年 4 月 23 日的此時此刻，甚至有可能在 2022 年以內升息超過 3.0％。當年在通膨已經達到嚴重地步卻仍採消極態度 1970 年代聯準會，儼然成為當前聯準會重要的反面教材。這當中當然還存在著供應鏈問題等變數，而且需要花上一點時間，但我認為未來會出現不同於 1970 年代的走勢。

聯準會不再出手，自己的資產自己救

但是睽違 40 年再度來訪的通貨膨脹，對於好一段時間以來，沒有考慮過高物價環境的投資人而言，可能會成為大幅提高投資難度的不利因素。聯準會的轉變，代表在「低成長、低物價」環境中總會伸手救援市場的問題解決專家已經消失，這也是投資難度提升的壓力因素之一。經濟環境變化本來就非常快速，愈是這種時候就愈不該集中投資特定資產，我認為必須要有多樣化的分散投資策略。我在正文中有提到「四大分散投資策略」，我認為這種細密的分散，會很大幅度幫助我們在這種艱難的投資環境中生存下來。

此外我還想建議各位，不要只專注在當前的經濟環境，要考慮現在的環境有可能會出現變化，進行靈活的投資。雖然我們考慮到目前高物價的狀況，可能在未來陷入最壞的「低成長、低物價」情境當中，但是我也強調了，透過國際合作與聯準會靈活的政策，也有可能創造出「高成長、低物價」的情境。我天性樂觀也希望事情可以如此發展，但即便我認為「高成長、低物價」是最好的藍圖，也還是假設

了最壞的情況，所以我希望各位可以在投資組合中，考慮對黃金或美元等這類資產進行累積型投資。

全球經濟好像幾乎沒有一帆風順的時候，由無數人們聚集而成經濟活動中如果沒有出現雜音、擔心、矛盾才更奇怪吧。但是人類的歷史顯示出，我們總是會在困難中找出更好的解決方案，在相互合作中發展。我認為現在所遇到的通貨膨脹，也屬於這種困難之一。只有在這波浪潮中生存下來，才能夠享受逆境後迎來的經濟發展果實。基於這個意義，我將本書的取名為《通膨求生》。

本書從 2022 年初開始撰寫，在撰寫過程中最困難的地方在於全球通貨膨脹的情況迅速惡化，為此聯準會的應對也急遽加速。烏俄戰爭與由此導致的供應鏈紊亂，也已經超出貨幣與財政政策可以解決的級別。

韓國境內一天出現 60 萬新冠肺炎確診個案，中國境內新冠肺炎確診者再起，甚至使上海封城，這些都是意料之外的事。股票及債券市場的變動也比 20201 年更為嚴重，在撰寫本書的過程中，由於通貨膨脹持續延燒成為嚴重問題，再加上金融市場的價格變化劇烈，因此很難抓住撰寫的重點。

從交稿到出版這段短短的時間內，也可能出現各式各樣的變化。由於變化快速，書中可能也存在著時間差，希望大家能夠多多諒解。

雖然有這些不足之處，但是為了盡可能將許多人有疑問的內容都涵蓋進本書，我非常盡心盡力地構思和撰寫。收到很多問題就意味著投資人對於現在的情況感到混亂，希望這本書能夠在當前這種不穩定的總體經濟環境中多少成為各位的參考依據。衷心感謝您閱讀此拙著。

通膨求生

在通膨亂世中配置你的現金、股票、房地產

인플레이션에서 살아남기

作者：吳建泳（오건영）｜譯者：黃子玲、陳思瑋、蔡佩君｜主編：鍾涵瀞｜特約副主編：李衡昕｜行銷企劃總監：蔡慧華｜行銷企劃專員：張意婷｜社長：郭重興｜發行人兼出版總監：曾大福｜出版發行：感電出版／遠足文化事業股份有限公司｜地址：23141 新北市新店區民權路108-2號9樓｜電話：02-2218-1417｜傳真：02-8667-1851｜客服專線：0800-221-029｜信箱：gusa0601@gmail.com｜法律顧問：華洋法律事務所 蘇文生律師｜EISBN：9786269659012（EPUB）、9786269659029（PDF）｜出版日期：2022年10月｜定價：630元

國家圖書館出版品預行編目(CIP)資料

通膨求生: 在通膨亂世中配置你的現金、股票、房地產/吳建泳著；黃子玲, 陳思瑋, 蔡佩君譯. -- 新北市: 感電出版, 2022.10

‧348面 ; 16×23公分

譯自：인플레이션에서 살아남기

ISBN 978-626-96590-0-5 (平裝)

1.個人理財 2.投資

563.5　　　　　　　　　　　　　111014641